4차산업혁명 시대
투자의 미래

4차산업혁명 시대
투자의 미래

· 김장섭 지음 ·

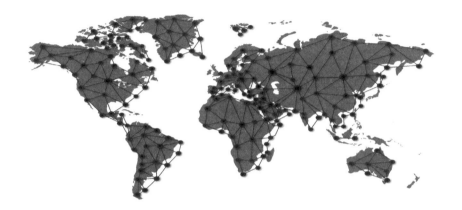

트러스트북스

저자와의 인터뷰

다가오는 기회, 어떻게 잡을 것인가?

인터뷰어 **Q** : 기획총괄 윤장래

인터뷰이 **A** : 저자 김장섭(조던)

Q **반갑습니다.** 《대한민국 부동산의 미래》2016, 《한국의 1000원짜리
땅부자들》2017 독자들 반응이 아주 좋았습니다. 이번 책 《4차산업
혁명 시대 투자의 미래》는 이전 도서들과의 시리즈 성격이 강한
듯합니다. 주거용부동산, 상업용부동산, 땅土지 투자에 이어 이번에
는 글로벌기업 투자로 투자 철학은 유지하되 투자 시선과 영역이
확장되고 있습니다. 이유는 대표님 본인이 저술가나 강의자보다는
투자자 입장의 볼륨이 커서 그렇겠지요. 투자자의 제일 덕목은 무

엇보다도 장기적인 수익률입니다. 현장에 발을 딛고 있어서 그런지 최근 글로벌 트렌드와 투자방법, 투자종목이 잘 정리되어 있고 자신의 경험을 바탕으로 해서 설득력이 높습니다. 지난 책들에서도 그랬지만, 개인투자자 입장에서 보면 선배 투자자가 한 발 앞서 당면하고 있는 투자에 대한 고민과 해결책, 투자 대안, 현재 투자 흐름을 바로 옆에서 잘 설명해주는 것 같습니다. 그래서 어렵지 않게 읽을 수 있고, 바로 실전에서 활용 할 수 있습니다. 이 책의 압권은 투자에 대한 인사이트insight를 얻을 수 있는 구절이 책 여기저기에 많이 있다는 것이죠.

독자들은 그동안 "투자합니다" 하면 "부동산 투자하는구나!"라고 여겼습니다. 그동안 부동산 투자는 안전하다, 눈에 보이고 만질 수 있는 실물 투자다, 그래서 너도 나도 부동산 투자를 선망했습니다. 천신만고 끝에 부동산 투자자가 됩니다. 그러나 지금은 부동산 투자의 매력이 전보다 많이 사라진 것 같습니다. 수익률부터가 아쉬웠다고 고백하는 개인 투자자들도 자주 볼 수 있습니다. 겉은 화려하지만 내실수익률이 빈약했다, 생각지 못했던 난처한 상황도 많았다, 마음이 편해야 하는데 부동산 투자를 하면 할수록 불안해진다, 현재 월급을 받고는 있지만, 언제까지일지 알 수 없는 상황에서 투자는 해야 하는데 부동산 투자 걱정은 날로 커진다, 지난 두 권의 책에서 대표님이 제시한 부동산 투자 방법에는 동의하지만 여건이 여의치 않았거나 투자해도 금액이 적어 아쉬웠다, 등의 후일담들을 개인 투자자에게서 들을 수 있었습니다.

어떤가요? 앞으로도 국내 부동산은 여전히 유효한 투자 방법인가요? 대표님은 요즘 어떻게 투자하고 계신가요?

Ⓐ 저는 지금까지 부동산에 투자했습니다. 부동산 흐름을 관찰하고 그에 맞춰 투자했습니다. 2000년 이전까지는 경매, 2000년대 초반에는 분양권, 2004년까지는 재건축, 2007년 3월까지는 재개발, 2007년 6월까지는 서울, 경기 오피스텔, 2012년까지 지방, 2014년까지 수도권, 최근에는 서울로 투자 대상을 옮겼습니다. 투자는 그것이 어떤 종목이든 간에 부동산과 마찬가지로 세상을 바꾸는 흐름을 이해하고, 그에 따른 통찰을 통해서 해야 합니다.

부동산만 흐름이 있는 줄 알았는데 의문이 생겼습니다. 우리나라에서 부동산 가격이 가장 많이 떨어진 시기는 1997년 IMF와 2008년 세계금융위기 때였습니다. 한국의 인구구조나 부동산 흐름과는 관계없는 외부변수에 의한 것이었지요. 그래서 부동산을 더 잘 알려면 세계적인 흐름을 알아야겠다는 생각이 들었습니다. 세계적인 흐름을 알게 되었고 그 흐름을 통해서 보니 우리나라 부동산의 흐름은 가느다란 시냇물 정도였다는 사실을 깨달은 것입니다. 동시에 세계사를 관통하는 거대한 강줄기도 함께 발견했습니다.

거기서 얻어낸 결론은 우리나라의 부동산은 작은 시냇물, 세계적인 주식의 동향은 거대한 강물의 흐름이었습니다. 그 강이 범람하면 시냇물은 아무리 둑을 잘 쌓아도 한 번에 무너지고 맙니다. 왜냐하면 세계는 긴밀하게 연결되어 있으며 돈의 규모와 단위가 엄청나기 때문입니다.

우리가 생각해야 할 것이 있습니다. '주택, 상가로 대변되는 부동산이 영원한 것인가?'라는 근본적인 의문입니다. 우리나라가 신흥국에서 선진국으로 진입하는 과정에서 부동산으로 돈을 벌었지만, 현재는 선진국도 신흥국도 아닙니다. 아니, 선진국에 가깝습니다. 그러니 이러한 부동산의 공식이 영원할 것이라 생각하면 안 됩니다. 재건축이 안 되면 슬럼화가 됩니다. 슬럼화되는 주택이나 상가는 최종적으로 자식에게 대물림되는 영원한 재화가 아닙니다. 만약 인구가 현재보다 늘어난다면 고쳐 쓰겠지만, 인구는 향후 줄어들 전망이며 이민을 통한 인구 증가도 힘듭니다. 일본보다 우리나라가 훨씬 이민에 부정적이니까요. 일본에는 있는 차이나타운이 우리나라에는 없는 것만 봐도 이민은 우리나라에서 쉽게 허용되지 않습니다. 그렇다면 남아도는 집이나 상가에 대한 대책은 앞으로 불투명합니다.

부동산은 지대地代,rent라 합니다. 왜냐하면 토지였기 때문입니다. 토지는 농업에서 영원한 생산요소며 농작물이 끊임없이 나오는 것이기에 대물림이 지금까지 가능했습니다. 그러나 우리가 가지고 있는 주택과 상가는 영원하지 않습니다. 그리고 앞으로 20년 정도의 기한이 남아 있습니다. 그럼 그 기한이 다가오기 전에 팔거나, 재건축이 가능한 서울의 요지로 갈아타야 하지만 이는 불가능한 시나리오입니다. 요지의 부동산은 적고 가격은 높으니까요. 그러니 주택과 상가는 지금 이 시점에서 우리가 계속 사야 하는가에 대한 근본적인 물음에 대해 답을 하고 작전을 짜서 매입해야 합니다. 그런 면에서 서울은 매력적이며, 역세권이나 강남을 비롯한 곳은 더욱 매력적이지요. 차별화되면서 빨대효과를 보일 테니까요. 결론은, 앞으로 자식들에게 물려줄 것은 재건축이나 재개발이 가능한 주택이나 상가면 서울의 강남이나 역세권이 될 겁니다. 토지도 괜찮습니다. 공실의 위험이 없고 대를 이어 간다 하더라도 슬럼화될 가능성이 없으니까요. 임야건 농지건 끊임없이 재생됩니다.

상가도 크게 다르지 않습니다. 상가를 살 만한 곳은 어디입니까? 국가는 상가를 사지 않으니 큰손은 기업입니다. 기업이 사옥으로 쓸 만한 정도가 되면 큰돈을 벌 것입니다. 그러나 그런 물건은 이미 비싸서 개인이 손 댈 정도의 작은 금액이 아닙니다. 그렇다면 돈 많은 개인을 찾아야 합니다. 기업을 하는 사람이나 전문직, 대기업 임원이 될 것입니다. 그런데 그런 사람이 상가를 산다면 서울의 5대 상권을 살 테지요. 그런 건물은 통상가, 즉 꼬마빌딩 정도는 되어야 하며, 가격은 몇 십억을 오르내립니다. 보통 개인의 영역을 벗어나지요. 신용을 최대한 일으킨다고 가정하더라도 50% 정도는 자신의 돈도 있어야 합니다. 결국 이런 상가를 사기 어렵다는 말입니다. 샀다 하더라도 최대의 난점인 감가상각으로 인한 위험이 존재합니다. 상가도 재건축을 못하면 비싼 소비재가 되는 것입니다.

그런 면에서 토지는 유리합니다. 몇 십 년이 지나도 그대로인 토지가 대부분이기는 하지만 그런 토지도 사업주체인 국가가 사면 땅값이 오릅니다. 그런데 토지는 공시지가의 1/10 가격에도 살 수 있습니다. 공시지가가 매년 올라 10배 정도 올랐다면 매수가 대비 100배가 되기도 하며 혹은 1,000배 오르기도 합니다.

글로벌 기업 주식은 더 괜찮습니다. 100년 이상 된 기업도 있으며 기업은 끊임없이 재생되기 때문입니다. GE가 가전을 팔고 산업인터넷을 하는 것처럼 말입니다. 그들 중에서도 망하는 기업은 있을 테지만, 그렇다 하더라도 레버리지를 이용하지 않았다면 크게 위험은 없습니다. 지금까지 투자한 돈만 날아가면 되지 쓰지도 않은 레버리지까지 내가 책임져야 하는 것은 아니기 때문입니다. 그런 면에서 상가, 주택은 레버리지를 크게 일으키는 상품인 만큼 위험성이 있습니다. 우량한 물건은 최소 3억 정도 되어야 하는데 공실과 슬럼화가 되면 월세는커녕 이자와 원금을 동시에 갚아야만 합니다. 그렇다면 레버리지는 고스란히 내 빚으로 남습니다. 그래도 주택이나 상가가 부동산이니 남는 것이라 생각됩니까? 재생될 수 없다면 언젠가는 죽는 것이고, 쓰고 나면 버려지는 소비재입니다.

글로벌 기업 주식은 절대 팔지 말아야 합니다. 절대 팔지 말라는 말은 장기투자를 강조한 말입니다. 단기투자는 이미 슈퍼컴퓨터의 영역이며, 초단타매매는 이미 슈퍼컴퓨터의 알고리즘으로 하고 있습니다. 슈퍼컴퓨터는 1억분의 1초로 거래합니다. 1억분의 1초가 왜 중요합니까? 일례로 대규모 매수를 해서 주가가 올라가는 상황이라면 슈퍼컴은 0.000000001초의 차이로 올라가는 클릭을 보고 사기 때문에 개미보다 싸게 사며, 1달러라도 올라가면 0.000000001초로 팝니다. 개미는 샀는데 바로 떨어지는 구조입니다. 개미는 클릭을 해도 1초나 2초 후에 사게 되고, 팔아도 1초나 2초 후에 팔게 되니 공정한 게임이 아닙니다. 개미는 결코 슈퍼컴퓨터를 이길 수 없습니다. 이미 세계적인 투자운용사의 단타매매는 슈퍼컴퓨터가 장악했습니다.

글로벌기업의 주식에 투자한다면 부동산의 주택, 상가와 달리 공실, 감가상각 등을 걱정하지 않아도 되기 때문에 다리 뻗고 편히 잘 수 있습니다. 또한 항상 제자리인 투자가 아니라 쌓이는 투자를 할 수 있지요. 항상 제자리인 투자는 레버리지를 많이 일으켜 만약 망했을 때 원금보다 더 마이너스가 되는 투자입니다. 주택이나 상가는 웬만하면 3억 이상이 들어가기 때문에 갭투자를 할 수밖에 없는데, 갭투자는 대출을 많이 일으키거나 전세를 많이 받는 방식입니다. 그러나 문제는 역전세난이 일어나거나 감정평가액이 깎이는 경우입니다. 그렇다면 내가 들어간 원금은 고사하고 레버리지까지 물어내야 하는 상황이 발생합니다.

그것이 문제입니다. 글로벌 주식은 망해도 본인이 들어간 원금만 손실이 나는데 주택이나 상가는 금액이 커서 갭투자를 할 수밖에 없는 상태에서 레버리지 손실까지 내가 감당해야 하는 경우가 생깁니다. 그러니 오히려 글로벌 주식투자가 더 안전합니다. 글로벌 주식은 계속 쌓이는 구조를 만들 수 있습니다. 계속 사기만 하는데 어떻게 쌓이지 않을까요? 그러나 주택은 계속 산다면 레버리지만 쌓입니다. 주택이 100채 있는데 그중 레버리지가 90%이고 10%는 세입자 보증금이라면 100채가 내 것인가요, 은행 것인가요? 세입자 것인가요? 그러나 글로벌 주식을 적립식으로 쌓는다면 100% 내 것입니다. 비슷한 투자로 부동산 토지투자를 들 수 있습니다. 레버리지를 많이 일으키지 않고 자투리땅을 사 모으는 것도 이러한 방법 중 하나입니다. 쉬운 투자이고 어렵지 않습니다. 어려운 투자는 많이 배워야 하지만 이런 투자는 상식선에서 하면 됩니다. 어렵지 않게 투자하면서도 기분 좋은 미래를 상상하며 발 뻗고 편히 잘 수 있는 글로벌 주식 투자를 할 때입니다.

Q 대표님은 부동산 흐름을 관찰하고 흐름에 맞춰 투자했습니다. 세상을 바꾸는 흐름을 이해하고, 통찰을 통해 투자를 해왔습니다. 대표님 자신의 경험이기 때문에 독자들도 어렵지 않게 읽으면서 이해할 수 있었고요. 무엇보다도 대표님 책이 큰 호응을 받는 이유는 독자에게 투자에 대한 영감을 주고 있다는 것이죠. 특별한 비결이 있나요? 그리고 이 방법은 다른 투자에서도 적용 가능할까요?

A 사람들은 어떻게 하면 그렇게 생각하고 글을 쓰며 정보를 찾을 수 있는지 묻습니다. 저는 남들보다 시간이 많고 그동안의 경험이 있

으며 융합해서 생각할 수 있는 능력이 있습니다. 그리고 연결해서 생각하는 방법이 남보다 조금 더 발달되어 있지요. 시간과 경험이 부족하고, 연결해서 생각하는 방식이 익숙하지 않은 사람들은 어떻게 해야 재테크에 성공할 수 있을까요?

초나라를 멸망시키고 한나라를 세운 한고조 유방이 신하에게 물었습니다. "내가 어떻게 천하를 통일할 수 있었는가?" 그러고는 본인이 대답합니다. "지략은 장량보다 못하고, 나라를 다스리는 데는 소하보다 못하며, 군사를 이끄는 데는 한신에 미치지 못한다. 그러나 이 걸출한 인재들을 적절하게 쓰는 용인술은 내가 뛰어나다. 그래서 나는 천하를 얻을 수 있었다."

여기에 답이 있습니다. 그런 능력이 있는 사람을 찾아 의견을 듣는 것이 재테크에 성공하는 방법입니다. 내가 그런 전문가가 아닌데 그런 전문가처럼 공부를 하려면 너무 많은 시간이 흘러가 버립니다. 그리고 능력이 부족하다면 공부가 시간낭비가 될 수도 있습니다.

그러니 내가 잘할 수 있고, 내게도 맞는 일을 하면서, 전문가의 의견을 돈을 주고 사는 편이 낫지요. 단 의견을 들을 때는 유방처럼 비판적 사고를 해야 합니다. 전문가라고 전부 옳은 의견을 내는 것은 아니기에 자신이 판단하여 옳다고 생각하는 내용만 골라 들으면 됩니다. 전문가들은 대부분 자신과 관련된 좁은 전문지식만을 압니다. 그래서 그들의 의견을 듣고 종합하는 능력이 필요하며, 그것이 유방의 능력입니다.

그렇다면 왜 전문가보다는 의견을 듣는 자가 성공할까요? 장량은 그냥 전문가일 뿐입니다. 전문가들의 약점은 자신의 틀에 갇혀 전문분야를 생각할 뿐 다른 분야로 발을 넓히지 못한다는 것입니다. 융합하는 능력, 포용하는 능력, 자신의 전문분야를 바꾸는 능력이 부족합니다. 새로운 분야로 바꾸면 그만큼 새로운 에너지와 힘을 쏟아야 하며, 지금까지 지켜온 전문분야를 깨뜨려야 하는데 그것은 기회비용 측면에서 유용하지 못합니다.

다시 말해 재개발 전문가가 주식으로 방향을 튼다면 완전한 초보상태에서 다시 시작해야 하기 때문에 돈과 정력이 많이 들어가고 그로 인해 돈을 버는 것이 아닌 돈을 쓰는 형태가 되어 비용발생이 필연적입니다. 그래서 전문가는 전문가로 남습니다. 능력이 없는 사람이 더 유리할 수 있다는 뜻입니다. 능력이 부족한 유방은 전문지식이 없으니 편견도 없어서 나라를 세운 위대한 군주가 되었습니다. 유방이 될 것인가? 장량이 될 것인가? 천하를 얻은 것은 유방이지 장량이 아닙니다. 투자로 성공하려면 유방처럼 의견을 청취하고 의견을 종합하여 비판적 사고를 하고 시대의 방향에 맞게 실행해야 합니다. 전문가들은 내가 돈을 주고 이용하는 사람들일 뿐입니다. 대통령이 경제와 정치, 외교 전 분야에서 전문가가 될 필요는 없습니다. 그들의 의견을 잘 청취하고 활용하면 됩니다. 재테크에 성공하려면 유방이 됩시다.

Q "**투자란 남들보다 싸게 사서 비싸게 파는 과정이다.** 남들보다 싸게 사려면 남들이 못 보는 세상을 상상해야 하고, 그 상상을 바탕으로 주식과 부동산을 사야 하며, 남들이 알아줄 때 팔아야 한다. 그러니 남들을 따라만 해서는 절대 부자가 될 수 없다." 이렇게 정리하면 간단하고 단순한 원리입니다. 대표님의 돈 버는 투자 노하우를 듣고 싶네요.

A **상상하지 않으니 행동이 뒤따르지 않는 것입니다.** 자동차 왕 헨리 포드는 유명한 말을 남겼습니다. "내가 만약 고객의 말에 귀를 기울였다면 자동차가 아니라 더 빨리 가는 말을 만들었을 것이다." 스티브 잡스도 비슷한 말을 했죠. "나는 소비자를 대상으로 시장조사를 하지 않는다. 소비자는 새롭고 혁신적인 제품을 보여줄 때까지 그들이 무엇을 원하는지 알지 못한다."

투자에 성공하려면 반드시 쌀 때 사야 합니다. 아무리 좋은 물건도 비쌀 때 사면 그것만으로도 악재입니다. 비싸게 사서 더 비싸게 파는 것은 어려운 일이며 리스크를 안고 시작하는 게임인 반면, 싸게 사는 것은 그 자체로 호재입니다. 사람들은 보통 현재 가격이 싼지 비싼지 생각하기보다는 더 비싸질 이유만 생각합니다. 이미 비싸질 대로 비싸진 물건에 사람들이 몰리는 이유가 이것입니다. 남들이 알기 전 쌀 때 사려면 상상의 힘이 필요하며, 이는 투자의 기본입니다. 그러니 천재가 "어떤 세상이 올 것이다"라고 얘기하면 자신의 머리로 '아! 맞아. 그러한 세상이 올 거야'라고 상상해야 하고, 그 천재의 생각에 동조하고 실천에 나서야 합니다.

태양광은 이 세상의 모든 에너지 가격을 0으로 만들 것입니다. 그러니 태양광으로 움직이는 비행기, 선박, 자동차 등이 세상의 모든 운송을 책임질 것입니다. 성능은 기하급수적으로 올라가는데 가격은 지금보다 훨씬 떨어지기 때문에 한계비용이 제로에 수렴하기 때문입니다.

'태양광으로 움직이는 고기잡이배에서 로봇이 고기를 잡는다.' 그들은 24시간 일하고도 피곤한 줄 모르고, 머신러닝기계학습으로 더 빨리 더 많이 잡는 법을 실시간으로 슈퍼컴퓨터에 전송합니다. 알파고 같은 슈퍼컴퓨터는 다시 전 세계의 로봇에게 업그레이드된 내용을 전송합니다. 전 세계의 물고기를 잡아 자동화된 공장이나 마트를 통해 드론으로 그날 즉시 생선을 배달시키니 인간이 일할 틈이 없습니다. 인간 중 기계를 만들거나 기계를 조작하거나 에너지 체계를 손보는 일부의 사람을 제외하고는 고기잡이에 투입되는 인원이 크게 줄어들 것입니다.

어떻게 알파고 같은 괴물이 생겼을까요? 연결의 힘 때문입니다. 알파고를 자동차에 넣는다면 슈퍼컴퓨터가 자동차에 들어가야 할 테고, 그 크기는 웬만한 빌딩 정도여야 할 것입니다. 차라리 인간이 자동차를 운전하는 편이 낫지요. 한 대도 아니고 수백만 대의 자동차에 슈퍼컴퓨터를 넣어야 한다면 그 가격은 또 어찌할 것입니까? 그런 걱정을 해결해 주는 것이 바로 '연결'입니다. 슈퍼컴퓨터를 자동차에 집어넣는 대신 통신이 되는 칩 하나만 있으면 되니까요.

왜 자율주행차는 슈퍼컴퓨터의 인공지능이 필요할까요? 자동차가 장애물을 피하고 차선을 따라 움직이고 사람의 말을 알아듣고 집의 보일러를 조절하는 일 등 수만 가지의 일을 해야 하기 때문입니다. 그러므로 연결되지 않은 인공지능 자율주행차는 쓸모없는 쓰레기에 불과합니다. 자동차뿐 아니라 드론, VR, 인공지능 로봇 등 앞으로 태어날 모든 것은 연결이 생명이며, 그 뒤에는 알파고 같은 슈퍼컴퓨터가 있습니다. 그러니 지금 만들어지는 자동차,

드론, VR 등은 껍데기에 불과합니다. 중요한 것은 슈퍼컴퓨터이고 그것이 진짜인 세상입니다.

플랫폼 사업이 중요합니다. 구글의 안드로이드, 애플의 iOS처럼 자신들은 판만 깔아주고 그 위에서 수많은 사람들이 앱을 개발합니다. 다가올 5G세상은 초연결시대입니다. 초연결 세상에서는 구글만이 승자일까요? 구글도 승자가 되겠지만, 구글만큼 승리할 수 있는 기업이 바로 통신기업입니다. 연결을 담당하는 기업은 통신기업이고, 통신기업이 없다면 슈퍼컴퓨터도 타자기나 계산기와 바를 바 없기 때문입니다. 인공지능을 가진 슈퍼컴퓨터보다 큰 이면을 봐야 합니다. 투자자라면 더더욱 슈퍼컴퓨터회사와 통신기업을 동시에 공부하는 시야를 가져야 합니다.

Q 한동안 재테크에서 10억이 목표인 적이 있었지요. 그런데 이제는 10억이 아니고, 100억 이라는 숫자가 자주 들립니다. 왜 10억에서 100억이 되었을까요? 또 어떻게 하면 100억을 벌 수 있나요? 가능하다면, 어떻게 해야 행복하게 100억을 벌 수 있나요?

A 100억은 있어야 부자라는 소리를 들을 수 있는 시대라고 합니다.

그런데 왜 100억일까요? 물가가 올라서일까요? 금리가 낮기 때문입니다. 금리가 10%였을 때에는 10억도 100억의 가치를 했습니다. 10억을 은행에 넣어놓기만 해도 1년에 1억이 나왔으니까요. 월로 계산하면 무려 8,333,333원입니다. 그러나 현재의 1% 금리로 이 정도의 이자를 받으려면 은행에 100억을 예치해야 합니다.

금리가 낮아진 이유는 은행이 일을 하지 않기 때문입니다. 더 정확히 말하면 기업이 한국에서 일을 하지 않는다는 뜻입니다. 왜 기업이 일하지 않고 있을까요? 한국에 공장을 짓지 않기 때문입니다. 그러니 은행에서 돈을 빌릴 일도 생기지 않습니다. 따라서 은행은 돈을 빌려줄 기업이 없으니 그 대상을 개인에게 돌립니다. 개인들에게 이자를 받아내기 위해 주택담보대출 등을 일으키지만, 개인은 기업보다 돈이 없으므로 은행에서 돈을 조금만 빌려도 가처분소득이 줄어들어 소비여력이 떨어집니다. 가처분소득이란 개인소득 중 소비·저축을 자유롭게 할 수 있는 소득입니다. 그러니 경기는 더 어려워지는 악순환에 빠집니다. 은행은 주택담보대출이나 국채를 주로 사게 되고 국채는 갈수록 수익률이 떨어져 대한민국의 국채수익률은 2.1%까지 떨어졌습니다. 여기에 기준금리는 1.25%인 상태입니다. 이자율이 낮은 상황에서 은행에 돈을 맡겨봐야 높은 이자를 줄 리 만무하니, 은퇴자들은 실속 없는 은행에 돈을 맡기는 대신 자영업을 택하고 그중 상당수가 망하고 맙니다. 왜 이런 일이 벌어졌을까요? 우리나라가 선진국으로 진입하면서 임금이 올라가고 여기에 부담을 느낀 기업들이 투자를 하지 않았기 때문입니다.

100억. 개인에게는 꿈같은 수치입니다. 사람들은 보통 주택에 투자하면 부자의 반열에 다가갈 수 있다고 생각하지만 자세히 살펴보면 불가능에 가깝습니다. 결론부터 얘기하면 100억에 접근하기 가장 좋은 방법은 토지와 주식투자입니다. 누가 토지와 주식을 사는지 살펴보면 알 수 있지요. 토지는 일반인도 사고, 기업도 사고, 공장을 하는 자영업자도 삽니다. 그러나 대규모 매입을 하는 것은 국가와 기업입니다. 국가가 대규모 매입을 하는 이유는 신도시 택지개발과 산업단지개발, 도로개발 등 사회간접자본SOC 시설 공사 때문입니다. 여기에는 큰돈이 들어가는데 그 큰돈이 들어가도 부담이 되지 않습니다.

주식은 어떻습니까? 주식도 위험성을 내포하고 있지만 100배, 1,000배 오를 잠재력을 갖고 있습니다. 네이버는 8,000원에서 88만 원까지 올라갔고, 삼성전자도 3만 원에서 200만 원 이상을 돌파했습니다. 주식은 토지보다도 그 기간 면에서 짧습니다. 한국주식뿐 아니라 해외주식도 있지요. 주식의 매수

주체는 개인, 기관, 외국인입니다. 우리가 해외주식을 산다면 우리도 외국인입니다. 개인이 비록 불리하다고 하지만 그것은 어디까지나 사고팔고를 반복하는 단기투자일 때의 경우입니다. 장기투자에서는 누구에게도 유·불리가 없습니다. 주식을 매수하는 주체 중에는 돈이 많은 기업, 은행, 국가기관, 연기금 등이 있으므로 앞으로 유망한 기업의 주식이라면 100배의 상승이 가능합니다. 개인의 힘이 아닌, 돈이 많은 매수주체의 힘을 믿는 것입니다.

장기적인 주식투자는 토지와 마찬가지로 투자가 행복합니다. 내가 할 일은 좋은 기업을 산 후 지켜보기만 하면 됩니다. 그리고 그 기업을 감시하는 주체는 다양합니다. 회계감사가 있고 이사진이 있고 뉴스를 전달하는 기자가 있습니다. 이들이 기업을 감시하고 소식을 전하니, 꾸준히 뉴스 등을 보면서 기업의 향방을 가늠하기만 하면 됩니다.

자본주의 사회에서 기업이 벌어들인 이득은 모두 주주의 몫입니다. 기업의 가치가 올라가건 배당을 하건 주식이 오르건 말입니다. 그리고 세계유수의 기업에 투자를 했다면, 투자한 나보다 100배는 똑똑한 직원과 CEO가 밤낮없이 일합니다. 나를 위해서 말이지요. 그러니 나는 투자를 해놓고 기다리면 됩니다. 국내주식에 한정할 필요도 없습니다. 돈이 가장 많은 곳은 미국이며, 세계에서 가장 강력한 통화는 달러입니다. 따라서 달러 자산이 있는 기업에 투자하는 것이 가장 좋은 투자입니다. 미국뿐 아니라 중국, 일본, 유럽의 선진국 등이 여기 해당됩니다. 향후 시장이 넓어지고 독점적이고 세계1등주인 기업에 개인이 분산투자하고 장기투자한다면 투자에 실패할 리가 없습니다.

그리고 행복합니다. 토지와 마찬가지로 내가 할 일이 별로 없기 때문입니다. 세금의 경우 해외주식으로 수익이 발생하면 22%의 양도세를 내야 합니다. 적지 않은 금액이지만, 주택의 38%에 비해서는 비교우위에 있지요. 또한 돈 없는 개인과 싸울 필요도 없고, 각종 지방세에 시달리지 않아도 됩니다. 그리고 100억을 벌 수 있는 가능성이 있다는 사실이 가장 중요합니다. 보유하면서 고단하지만 실제 부자가 될 확률이 낮은 부자를 꿈 꿀 것인가, 아니면 보유할 때 힘들지 않으면서 부자가 될 확률이 높은 부자를 꿈 꿀 것인가? 대답은 너무나 자명합니다.

Q 4차 산업혁명의 핵심 키워드는 '가상과 현실의 결합'입니다. 3차 산업혁명을 한 단어로 표현하면 '가상'이라고 할 수 있습니다. 스마트폰과 노트북PC이라는 도구를 통해 가상의 세계가 창조된 것이지

요. 1차와 2차 산업혁명의 특징은 '현실'이었습니다. 4차 산업혁명이라는 큰 물결이 다가오고 있습니다. 4차 산업혁명이란 대격변기를 투자자는 어떻게 활용해야 할까요? 대표님은 4차 산업혁명을 어떻게 대응하고 있나요?

🅐 **현재 4차 산업혁명은 진행형입니다.** 고정되어 있는 명사가 아니라 움직이는 동사입니다. 활화산의 마그마처럼 가열차게 자신의 영토를 확장하고 있는 중입니다. 빅데이터, AI인공지능, 머신러닝기계학습, 이것이 4차 산업혁명의 중요한 키워드입니다. 이 키워드를 통해 4차 산업혁명의 순환 고리를 이해하면 이제 곧 인류에게 일어날 거대하고 극적인 변화를 모두 이해할 수 있습니다.

4차 산업혁명의 시대에는 누가 이기고 누가 질까요? 이기는 자는 AI인공지능를 가진 자이고 지는 자는 AI를 갖지 못한 자입니다. 그 결과 똑똑한 AI는 인간의 지식노동자들을 몰락시키고 오프라인 업체들을 하청업체로 종속시킬 것입니다. AI는 어떻게 인간의 지식노동자들을 몰락시킬까요? AI가 똑똑하다면 그 이유는 무엇일까요? 머신러닝기계학습을 하기 때문입니다. 머신러닝의 핵심은 많은 정보입니다. 많은 정보를 가지고 기계학습을 통해 똑똑해지는 것입니다.

앞으로 어떤 자들이 돈을 벌고 어떤 자들은 패배할까요? 어떤 일자리부터 없어질까요? 없어지는 일자리는 회사에 소속된 일자리입니다. 회사에 소속되었다는 것은 기업의 직원이라는 뜻이고, 기업은 이익을 목적으로 합니다. 이익에 도움이 된다면 억만 금을 주고라도 모셔오고 이익에 도움이 안 된다면 정리 해고할 것입니다. 대부분의 일자리는 단순, 반복입니다. 그런 면에서 대량으로 고용하고 있는 일자리부터 위협을 받습니다.

돈을 버는 자는 최대한 한정될 것입니다. AI인공지능와 관련된 기업들로 말입니다. 그리고 대부분의 기업과 지식노동자들은 일자리를 잃을 것입니다. 육체의 노동을 대체한 산업혁명보다 제4차 산업혁명이 무서운 이유는, 마음만 먹으면 인간의 모든 직업을 없앨 수 있기 때문입니다. 세상은 부가가치가 높은 방향으로 나아갑니다. 우리가 원하건 원하지 않건 간에 말입니다.

투자에서 4차 산업혁명은 우리 세대가 누릴 수 있는 '백 년에 한 번 올까 말까 한 기회이자 행운'입니다. 우리는 지금 인생을 바꿀 그 거대한 기회의 장 앞에 서 있습니다. 어떻게 이런 일이 일어날 수 있을까요? 석유의 시대가 지고 태양광이나 풍력처럼 재생에너지의 시대가 오기 때문이고, 기계의 시대가 지고 인공지능의 시대가 오기 때문이며, 비연결의 시대가 지고 연결의 시대가 오기 때문입니다. 그것도 빛의 속도로 빠르게 지고 뜨고 있습니다. 우리는 항상 생각해야 합니다. 이것이 세상이 나아가는 방향인지. 모든 혁명 초기에는 혼란과 패닉이 있지만, 그것을 두려워 할 필요는 없습니다. 우리는 누가 이길지 답을 압니다. 역사가 그래왔으니까 말입니다. 우리가 해야 할 일은 늦기 전에 이기는 자본가에게 투자하는 것입니다.

차 례

왜 제4차 산업혁명에
투자해야 하는가?   1부

남들이 보지 못하는
제4차 산업혁명의 진짜 모습

2부

제4차 산업혁명 시대의
주식투자법

3부

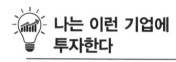

나는 이런 기업에 투자한다

4부

1부

왜 제4차 산업혁명에 투자해야 하는가?

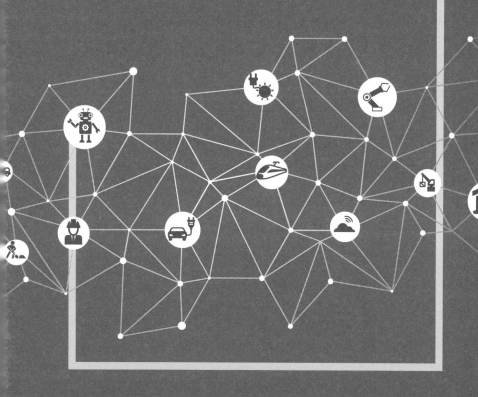

백 년에 한 번 올까 말까 한
기회와 행운

　1960년대와 2000년대 우리 가정생활에서 달라진 가전제품이 무엇인지 살펴보자. 1960년대에도 TV와 냉장고, 세탁기, 에어컨, 오디오 등은 모두 있었다. 비록 탁월한 성능을 자랑하지는 않았지만 어쨌든 그 시대에도 있었던 물건이다. 그런데 1960년대에는 없었지만 2000년대에 들어 새로 태어난 제품이 딱 2개 있다. 바로 노트북PC과 스마트폰이다.

　오른쪽의 표를 보자.

　이 표는 2013년 글로벌 500대 기업 중 상위 10대 기업이다. 자세히 보면 이 기업들 중 거의 대부분이 석유회사임을 알 수 있다. 로열더치쉘, 엑손모빌, 시노펙, 페트로차이나, 영국석유 BP, 토탈 등이다. 게다가 나머지 회사들도 토요타나 폭스바겐, 월마트 등으로 요즘 우리가 흔히 아는 IT기업은 하나도 없다.

　2차 산업혁명은 무엇인가? 전기를 통한 대량생산체제 혁명이다. 전

포춘지 선정 2013 글로벌 500대 기업

순위	업체명	국가
1	로열더치쉘	네덜란드
2	월마트	미국
3	엑손모빌	미국
4	시노펙	중국
5	페트로차이나	중국
6	영국석유 BP	영국
7	스테이트그리드	중국
8	토요타	일본
9	폭스바겐	독일
10	토탈	프랑스

출처: 신랑재경(新浪財經)

기에너지를 일으키는 것은 석유이고 석유로 돌아가는 것이 자동차다. 그러니 1900년대 초반부터 2013년까지 무려 100년간 석유자본이 세계를 지배했고, 이 석유에 의존한 산업혁명이 곧 2차 산업혁명이었다.

그런데 다음에 나오는 또 하나의 표를 보자.

2016년 상반기 글로벌 500대 기업 중 대부분이 어떤 기업인가? 애플, 알파벳구글의 지주회사, 마이크로소프트, 페이스북, 아마존, AT&T미국의 통신회사 등 IT회사 일색이다. 더구나 GE는 가전부분을 중국에 팔고 현재는 완전한 소프트웨어회사로 탈바꿈했다. 그러니 GE도 IT회사라 볼 수 있다. 2차 산업혁명에 등장했던 회사는 엑손모빌이 유일하다.

불과 3년 만에 어떻게 이런 일이 일어날 수 있을까?

2016년 상반기 글로벌 500대 기업

3,4주	순위 변동	섹터	기업명	국가	시가총액 (3,4주)	주가변동률 (%)
1	-	IT	Apple Inc.	미국	683	-14%
2	-	IT서비스	Alphabet Inc	미국	604	0%
3	-	소프트웨어	Microsoft Corporation	미국	500	0%
4	-	에너지	Exxon Mobil Corporation	미국	407	-1%
5	-	금융	Berkshire Hathaway Inc.	미국	403	1%
6	+2	IT서비스	Facebook Incorporation	미국	375	10%
7	+2	제약/소비재	Johnson & Johnson	미국	348	4%
8	-1	기타	General Electric Company	미국	340	-2%
9	-3	IT/유통	Amazon.com, Inc.	미국	320	-8%
10	-	금융	Wells Fargo & Company	미국	290	-12%
11	+10	통신	AT&T Inc.	미국	279	14%

그 이유는 석유의 시대가 지고 태양광이나 풍력처럼 재생에너지의 시대가 오기 때문이고, 기계의 시대가 지고 인공지능의 시대가 오기 때문이며, 비연결의 시대가 지고 연결의 시대가 오기 때문이다. 그것도 빛의 속도로 빠르게 지고 뜨고 있다.

몇 년 후에는 3차 산업혁명이 지나가고 4차 산업혁명이 올 것이다.

2016년판 1위부터 10위까지의 회사가 10년 후에도 살아남는다는 보장이 없다. 왜냐하면 4차 산업혁명은 아직 오지 않았으니 말이다. 그때가 되어 '2016년 글로벌 500대 기업'과 '2026년 글로벌 500대 기업'을 비교해보면 비로소 어느 회사가 살아남고, 어느 회사가 몰락했는지 알 수 있을 것이다.

　4차 산업혁명은 우리 세대가 누릴 수 있는 '백 년에 한 번 올까 말까 한 기회이자 행운'이다. 우리는 지금 인생을 바꿀 그 거대한 기회의 장 앞에 서 있는 것이다.

왜 '10억 벌기' 열풍이
갑자기 사라졌는가

2000년대 초반 '10억 벌기'가 열풍처럼 퍼져나갔다. 카페가 생성되었고 관련 도서도 출간되었다. 그런데 지금은 누구도 10억에 대해 얘기하지 않는다. 10억을 벌기도 어렵지만 10억을 벌어도 기대했던 특별한 일이 일어나지 않기 때문이다. 그 이유를 알기 위해 1990년대 후반 우리나라의 금리부터 살펴보자. 표를 보면 당시 금리는 10%대였다.

IMF가 터지자 시중금리는 13.84%까지 치솟기도 하였다. 금리가 20%를 넘는 곳도 있었다. 그런데 지금을 보라. 겨우 1.2%다. 저금리시대 즉 디플레이션의 시대가 온 것이다.

다시 앞으로 돌아가, 왜 10억을 모으려 했는가? 10억이면 이자율을 10.6%로 계산했을 때 매월 880만 원을 받을 수 있었다. 사실상 이것으로 내 인생의 재테크가 끝나는 게임이었다. 목표를 향해 부지런히 달려가기만 하면, 그 후에는 돈 걱정 없는 인생이 가능했다.

그랬던 이자율이 지금은 1.2%다. 10억을 모아봤자 한 달에 겨우

연도별	순수저축성예금금리(%)	원금(원)	이자(원)
1997	10.60	1,000,000,000	8,833,333
1998	13.84	1,000,000,000	11,533,333
1999	7.12	1,000,000,000	5,933,333
2000	7.12	1,000,000,000	5,933,333
2001	5.55	1,000,000,000	4,625,000
2002	4.71	1,000,000,000	3,925,000
2003	4.15	1,000,000,000	3,458,333
2004	3.78	1,000,000,000	3,150,000
2005	3.52	1,000,000,000	2,933,333
2006	4.34	1,000,000,000	3,616,667
2007	4.94	1,000,000,000	4,116,667
2008	5.67	1,000,000,000	4,725,000
2009	3.19	1,000,000,000	2,658,333
2017	1.20	1,000,000,000	1,000,000

100만 원을 받을 수 있을 뿐이다. 한 달 생활비를 300만 원으로 가정하면, 거금 10억을 모아도 이자만으로 생활한다면 매달 200만 원의 적자가 발생한다. 그러니 아무도 10억 만들기에 대해 얘기하지 않게 된 것이다.

물론 10억 모으기가 의미 없다는 얘기는 아니다. 우리나라가 선진국 모델로 진화하고 세계가 디플레이션에 빠지면서 현금을 가지고 예금을 하는 것은 의미 없는 일이 되어버린 현실을 강조하고 싶을 뿐이다.

당시에 비해 물가가 엄청나게 오른 것은 아니기 때문에 10억을 모았다면, 10억을 쓰면서 남은 인생을 보낼 수도 있다. 그러나 나이가 들수록 원금은 줄어들고, 기대수명이 하루가 다르게 늘고 있기에 불안감이 엄습하는 시기가 올 것이다. 10억이 있어도 노후를 생각하면 편치 않은 시대가 온 것이다.

고성장을 뒤로하고, 저성장 저금리 저물가가 대세로 자리 잡은 이때, 우리는 어떻게 해야 하는가?

주택이나 상가를 사서 세를 놓아야 하는가? 그러려면 안전한 곳을 사야 하고 안전한 곳이라 일컫는 1기 신도시 핫플레이스 상가를 사려면 최소 4억 이상은 되어야 월 200만 원이 나온다. 1층 상가라면 5억 5천이 필요하다. 그래도 그게 어디인가? 200만 원이면 20억의 가치와 맞먹는다.

주택은 이보다 현저히 떨어진다. 강남의 아파트라면 10억이 되어야 월 200만 원이 나오고, 강동구쪽 오피스텔이라면 6억은 되어야 월 150만 원 정도 수준이다. 안정적인 모델로 따졌을 때의 이야기다.

지방으로 가면 하이 리스크, 하이 리턴이다. 하이 리턴을 바라다가 상장폐지라는 최악의 하이 리스크에 빠질 수 있다는 말이다. 예를 들어 월세를 잘 받다가도 세입자가 나간 후 1년이 지나도 공실이 지속되고, 매각하려 해도 팔리지 않는 경우가 생길 수 있다. 혹은 도시 전체가 공동화될 수도 있다이에 대한 자세한 내용은 필자의 이전 책《대한민국 부동산의 미래》에서 다루었다.

주식은 어떤가? 안정적인 세계 1등주이면서 성장성이 높은데 매년 3%의 배당을 주는 주식도 많다. 배당은 기본이고 주가가 100배 오를 수도 있다.

채권은 어떤가? 물론 OECD 주요국은 우리나라와 비슷하거나 거의 0% 아니 되려 보관료를 받는 곳도 있다. 한국시티은행에서는 0.1%의 예금금리를 주며 1000만 원 이하의 통장잔고가 있으면서 오프라인으로 5번 이상 방문하면 보관료를 매긴다.

돈 안 되는 고객은 사절 ⋯ 은행의 변심

은행 서비스를 공짜로 이용할 수 없는 시대가 오고 있다. 국내 은행들도 이자 이외의 수익을 올리기 위해 새로운 수수료를 도입 중이다. 한국씨티은행이 다음 달부터 일부 고객에게 계좌유지수수료 월 5000원를 받기로 한 데 이어 KB국민은행도 '창구거래수수료' 신설을 검토하고 나섰다. 외국계가 아닌 토종 국내 은행으로선 처음이다.

[출처: 중앙일보 2017년 2월 15일자]

그런 면에서 신흥국 채권은 투자대상으로 삼을 만하다. 채권의 이자가 최대 16%인 곳도 있으니 말이다. 브라질 채권은 10%가 넘는다. 브라질이라는 나라를 생각하면, 채권에 투자했다가 돈을 떼이지나 않을까 걱정되기도 하지만, 사실 채권투자가 생각만큼 위험하지는 않다. 나라가 망하지 않으면 돈은 중앙은행에서 찍어서 주면 되기 때문이다. 증권사를 통해 이자율이 높은 해외채권에 투자할 수 있으니 관심이 있으면 고려해보기 바란다.

결론을 말하자면, 과거에는 돈을 부지런히 모아 은행에 맡기기만 해도 재테크가 저절로 되는 시대였다. 하지만 지금은 비현실적인 현실이 되고 말았다. 돈을 굴리지 않으면 돈이 잠만 자는 시대가 되었으니 재테크의 다변화를 모색해야 한다. 버는 일에만 골몰할 것이 아니라 어떻게 불릴 것인지 고민하지 않을 수 없다. 바뀐 현실을 정확히 직시하는 것에서 재테크가 시작되어야 한다.

두 다리 쭉 뻗고
안전하고 행복하게 100억 벌기

100억은 있어야 '부자'라는 소리를 들을 수 있는 시대다. 그런데 왜 100억인가? 물가가 올라서일까? 그 이유는 금리가 낮기 때문이다. 금리가 10%였을 때에는 10억도 100억의 가치를 했다. 10억을 은행에 넣어놓기만 해도 1년에 1억이 나왔기 때문이다. 월로 계산하면 무려 8,333,333원이다. 현재의 1% 금리로 이 정도의 이자를 받으려면 은행에 100억을 예치시켜야 한다.

금리가 낮아진 이유는 은행이 일을 하지 않기 때문이다. 더 정확히 말하면 기업이 한국에서 일을 하지 않는다는 의미다. 왜 기업이 일을 하지 않고 있을까? 한국에 공장을 짓지 않기 때문이며, 그러니 은행에서 돈을 빌릴 일도 생기지 않는다.

따라서 은행은 돈을 빌려줄 기업이 없으니 그 대상을 개인에게 돌린다. 개인들에게 이자를 받아내기 위해 주택담보대출 등을 일으킨다. 하지만 개인은 기업보다 돈이 없으므로 은행에서 돈을 조금만 빌려도 가처분소득이 줄어들어 소비여력이 떨어진다. 가처분소득이란 개인소득 중 소비 저축을 자유롭게 할 수 있는 소득을 말한다. 그러니 경기는 더 어려워지는 악순환에 빠진다. 은행은 주택담보대출이나 국채를 주로 사게 되고 국채는 갈수록 수익률이 떨어져 10년물 대한민국 국채수익률이 2.1%까지 떨어졌다. 여기에 기준금리는 1.25%인 상태다. 이자율이 낮은 상황에서 은행에 돈을 맡겨봐야 높은 이자를 줄 리 만무하다. 그래서 은퇴자들은 실속 없는 은행에 돈을 맡기는 대신 자영업을 택하고 그중 상당수가 망하고 만다.

왜 이런 일이 벌어졌는가? 우리나라가 선진국으로 진입하면서 임금이 올라가고 여기에 부담을 느낀 기업들이 투자를 하지 않았기 때문이다.

이런 상황에서 개인들이 생각해봐야 할 것들이 있다.

첫째, 어떻게 100억을 벌 것인가?

둘째, 어떻게 하면 행복하게 100억을 벌 수 있을 것인가?

100억. 개인에게는 꿈같은 수치다. 사람들은 보통 주택에 투자하여 부자의 반열에 다가갈 수 있다고 생각하지만, 자세히 살펴보면 불가능에 가깝다. 결론부터 얘기하자면 100억에 접근하기 가장 좋은 방법은 토지와 주식투자다. 누가 토지와 주식을 사는지 살펴보면 알 수 있다. 토지는 일반인도 사고, 기업도 사고, 공장을 하는 자영업자도 산다. 그러나 대규모 매입을 하는 것은 누구인가? 국가와 기업이다. 국가가 대규모 매입을 하는 이유는 신도시 택지개발과 산업단지개발, 도로개발 등 사회간접자본SOC 시설 공사 때문이다. 여기에는 큰돈이 들어가는데 그 큰돈이 들어가도 부담이 되지 않는다.

택지개발에 필요한 토지는 국가가 매입하지만 산업단지개발은 기업이 원해서 국가가 대신 수용한다. 대규모 매입의 주체가 국가이다. 그러니 몇 조 원의 토지개발 보상금이 풀리는 것은 당연한 일이고 이러한 토지개발 보상금을 받아 부자가 된 사람들을 졸부라 부른다. 즉, 토지에 대한 보상을 시행하는 주체는 돈이 많은 국가나 기업이라는 의미다.

반면 시골에 땅을 가진 사람들은 시간이 아무리 지나도 땅이 팔리지 않는다며 하소연을 한다. 너무나 당연한 이야기다. 보상이 이루어지는 땅은 택지개발, 도로개발, 산업단지 개발로 인한 대규모 보상이며, 핵심은 국가, 기업 등 돈이 많은 주체와의 거래이기 때문이다. 그러나 시골토지의 거래는 개인과 개인 간의 거래이기 때문에 돈을 벌기가 매우 어렵다.

비슷한 사례로 주택이 대표적이다. 주택으로 돈을 벌기 어려운 이유도 바로 개인과 개인의 거래이기 때문이다. 주택을 파는 주체는 기업이고 사는 주체는 개인이다. 대규모 분양으로 돈을 버는 주체는 돈이 많은 기업이다. 기업은 개발이익을 얻는다. 이에 반해 개인은 그 물건을 사서 더 비싸게 팔아야 한다. 그것도 개인을 대상으로 말이다.

기업이나 국가가 개인이 가진 주택을 매입한다면 개인도 주택으로 돈을 벌 수 있다. 그러나 안타깝게도 주택을 대규모로 매입하는 기업은 없다. 왜냐하면 기업이 임대사업을 하려면 아예 임대주택을 짓고 말지 개인이 보유한 재고주택을 기업이 되사서 사업을 하지는 않는다.

우리나라는 임대사업주택에 기업이 들어오지 못하도록 철저히 막아왔다. 그래서 부영과 같이 장기임대주택, 즉 18평 기준으로 4000만 원에 월 15만 원 받는 영구임대주택 정도에만 기업이 들어올 수 있다. 그러니 기업이 대규모 주택을 매입할 리 없다. 따라서 개인은 돈 없는 개인과의 거래에서 돈을 벌어야 한다는 딜레마에 빠진다.

자 생각해보자. 개인이 기업이나 국가처럼 돈이 많은가? 게다가 신축도 아닌 재고주택을 터무니없이 비싼 가격에 팔 수 있는가? 주택이 10배 이상 오를 수 없는 이유가 바로 여기에 있다. 그나마 10배 이상 오른 주택은 어떤 것일까? 개인 중에 돈이 많은 사람에게 파는 물건이다. 예를 들어 재벌회장들이 사들이는 평창동의 100억짜리 단독주택이다. 돈이 많은 사람들끼리 하는 거래에서 몇 십 억은 별 게 아닐 수도 있기 때문에 10배 이상의 가격도 생성될 수 있다. 다음으로는 강남, 서초, 송파와 같은 지역을 들 수 있다. 돈 많은 개인 즉 의사, 변호사, 대기업 임원, 재벌가 등이 사는 동네에서는 개인에게도 비싸게 팔 수 있다. 그래서 이 동네가 비싼 것이다. 돈 많은 사람에게 팔 수 있는 유일한 동네가 아닐까 한다.

다른 동네를 살펴보자. 서민이 대부분인 동네에서 주택을 비싸게 팔 수 있는가? 비싸면 아무도 사지 않는다. 수요가 없기 때문에 주택

가격이 많이 오를 수 없다. 결국 주택으로 돈을 벌 수 없다는 것이다.

그나마 10배 오른 곳은 강남의 재건축 아파트다. 1억을 주고 샀던 강남의 재건축 아파트가 14억이 되었으니 14배나 오른 셈이다. 그러니 그나마 강남을 비롯한 강남 3구가 향후에도 유망한 지역이다.

강남 3구를 제외한 지역에서 주택으로 100억을 벌려면 어떻게 해야 하는가? 3억쯤 되는 아파트를 100채쯤 사서 1억씩 오르면 100억이 된다. 단순히 생각해도 불가능하다. 그럼에도 불구하고 가능하다고 가정하자. 그래도 문제가 생긴다.

첫째, 보유하고 있는 동안 세입자 지옥이 펼쳐진다. 아파트 100채를 가지고 있으면 세입자에게서 매일 전화가 온다. 무엇을 고쳐달라는 세입자, 만기가 다 되었으니 방 빼달라는 세입자, 월세를 안 내는 세입자, 말이 안 통하는 세입자 등 사는 게 사는 것이 아니다.

둘째, 보유하는 데 너무 많은 돈이 든다. 각종 재산세를 비롯한 종부세, 월세로 인한 사업소득세, 공실로 인한 관리비, 도배, 장판 등 수리비, 복비, 취득세 등 이루 헤아릴 수 없이 많다. 이를 다 챙기려면 회사를 하나 차려야 한다.

셋째, 귀찮은 일이 너무 많다. 세입자가 나간다면 인근 부동산에 내놔야 하는데 그것이 한두 개가 아니라면 어떻게 해야 할까? 삶의 여유는 없어지고 매일 전화하고 전화 받고 수리하고, 피드백 받느라 눈코뜰새 없이 바쁠 것이다.

그런데 아파트가 아니고 빌라라면 어떻게 될까? 그나마 관리실이 있는 아파트는 신경이 덜 쓰이는데 빌라는 진짜 정신이 없다. 만약 반지하 빌라를 수십 개 가지고 있다면 그리고 장마철이라면 아마도 사는 동안 지옥을 맛볼 것이다.

투자를 왜 하는가? 편하고 행복하게 잘 먹고 잘 살기 위해서다. 그런데 이런 식의 투자는 행복과는 거리가 멀다. 그리고 실제 100억을 벌지도 못한다.

사는 동안 100채를 다 정리하기도 벅차다. 100채 중 한 채가 다행히 1억이 올라서 팔았다고 해도, 8800만 원 이상 35% 가까이 세금을 내야 한다. 운 좋게 1억을 남기고 팔았는데 세금으로 3000만 원이 빠져나간다. '그동안 고생한 것을 생각하면 이가 갈리는데 세금까지 이렇게 많이 내야 하다니, 언제 100억을 버나?' 하는 생각이 든다. 그런데 더 황당한 사실은 아직도 99채가 남았다는 점이다. 그리고 세금이 아까워 이번에 한꺼번에 정리를 못했다면 몇 년 후에는 불황이 닥쳐 팔지 못하는 일이 벌어진다.

왜 주택이 힘든 것인가? 오르지 않기 때문이고 관리하기 힘들기 때문이다. 많이 보유하면 할수록 문제가 더 많아진다. 뿐만 아니라 재건축을 못한다면 감가상각의 위험이 있다. 40년 정도 되었는데 재건축을 못하는 20층짜리 아파트를 샀다면 내가 10만 원 월세 받는 것이 문제가 아니고 나중에 3억짜리 아파트가 전부 빚이 되는 상황이 벌어진다.

다음은 내가 운영하는 카페에 올린 글이다.

주택, 상가 재건축, 재개발할 수 없으면 소비재이다

'주택, 상가 재건축, 재개발할 수 없으면 소비재이다.'

이런 의문을 가져본 적은 없는가?

20층 정도 되는 아파트 재건축 안 되면 어떻게 되나?

집을 가진 사람은 다소 불편한 질문이다.

상가와 주택을 가지고 있는 나도 상당히 불편한 질문이다.

그러나 대부분의 사람들은 이런 의문이 있어도 지금은 월세가 나오니 이런 질문을 애써 외면한다.

재건축, 재개발 무엇으로 하는가?

용적률로 한다.

용적률이란 5층짜리 아파트가 나중에 오래되면 15층 아파트 재건축하는 것이다.

10층만큼 일반분양을 해서 아파트 재건축 비용을 대면 된다.

용적률이 안 되면?

리모델링을 한다.

15층짜리 아파트를 15층짜리로 다시 리모델링하는 것이다.

그렇게 되면 돈이 들어간다.

그런데 조합원의 돈이 없다면 어떻게 되는가?

더 이상 짓지 못하고 아파트는 슬럼화가 진행된다.

여기에 변수가 하나가 더 있다.

가격이다.

만약 15층짜리 아파트인데 아파트 평당 가격이 1500만 원이었다.

그런데 아파트 평당 가격이 올라 3000만 원이 되었다.

그렇다면 15층짜리 아파트를 다시 15층으로 부수고 지어도 1500만 원만큼의 돈이 더 있으니 일반분양분이 없어도 재건축할 수 있다.

그렇다.

재건축, 재개발은 용적률과 가격으로 한다.

그런데 만약 조합원이 돈이 없는 지역이거나 가격도 안 오르는 지역은 어떻게 해야 하나?

난감하다.

외국에서는 흔히 볼 수 없는 풍경이다.

왜냐하면 외국은 대부분 단독주택에 살고 아파트에 살지 않는다.

그런데 우리나라는 아파트 공화국이라 불릴 만큼 아파트가 많다.

그래서 이러한 고민이 생기는 것이다.

외국의 예가 아주 없는 것은 아니다.

홍콩이 이런 예가 있다.

홍콩은 아파트 그것도 60층, 70층짜리 아파트가 60년이 넘게 된 곳이 있다.

구룡반도의 침사추이 같은 곳이다.

무려 60년 전에 지어져서 구조도 배관 등도 엉망이다.

그래서 슬럼화가 되었다.

그런데 너무 높이 지어져서 재건축은 꿈도 못 꾼다.

그래도 사람은 사는 것 같다.

홍콩이란 동네가 워낙 땅덩어리가 좁은 데다가 아파트 가격이 올라서인지 저소득층이 산다.

그렇다면 우리나라는 재건축, 재개발되는 동네가 현재 많은지에 대해 증거를 찾아봐야 한다.

서울에서 가장 외곽으로 떨어진 곳에서 재건축하는 동네가 어디인가?

광명의 철산동 재건축 정도가 아닐까?

그러나 철산동 재건축은 5층짜리 아파트 부수고 20층짜리로 지은 재건축이다.

아파트 평균가격도 1000만 원이 넘고 저층 아파트를 재건축한 경우다.

그러니 중층 아파트 재건축한 경우가 아니다.

분당에서는 리모델링을 한다고 한다.

20층짜리 아파트를 20층으로 말이다.

그러나 리모델링이 말만 많지 활발하게 진행되지는 않는다.

서울은 재건축 많이 한다.

강남은 당연히 재건축한다.

왜냐하면 강남구 아파트 평균가격이 3500만 원에 달한다.

서초구 3200만 원, 송파구 2500만 원이다.

다른 구에 비해 1000만 원에서 2500만 원 정도 비싸다.

그래서 재건축이 활발하다.

그러니 중층 재건축인 은마, 압구정 현대, 잠실주공 5단지 재건축 얘기가 나오는 것이다.

그러니 강남은 되어야지 재건축이 되는 것이다.

그렇지 않은 동네는 중층 재건축 꿈도 못 꾼다.

그러니 강남 3구를 제외한 서울을 포함한 대한민국의 모든 곳은 홍콩처럼 슬럼화될 가능성이 있다.

홍콩은 그나마 낫다.

무엇이 나은가?

땅이 좁아 그래도 갈 곳 없는 사람은 그곳에 들어와 산다.

그러니 공실은 나지 않는다.

그런데 우리나라는 어떤가?

그 정도로 땅이 좁지 않다.

그리고 그 나라처럼 비싸지 않다.

홍콩 비싼 동네는 평당 5억이다.

32평이 150억 하는 나라다.

그런데 우리나라 강남 3구를 제외한 중층 재건축은 일부 가능성이 있는 지역인 목동, 분당 정도만 재건축이나 리모델링이 가능하고 이것도 아파트 가격이 올라줘야 가능한 시나리오다.

현재처럼 이 동네 가격 오름세가 지지부진하면 재건축은 힘들다.

재개발을 보자.

재개발이 된 동네가 도대체 어디인가?

2000년대 초반에 정말 아파트 가격 쌀 때 인천에서도 재개발은 있었다.

만수동 같은 동네 말이다.

그러나 2008년도 금융위기 이후 인천의 재개발 구역이 128군데나 되는데 어디 하나 재개발한다는 소문이 없다.

그러니 인천에서 재개발된다는 것은 정말 힘든 일이다.

왜 힘든가?

서울에서 은평구 이상 재개발이 된 증거를 찾을 수 있다.

왜 은평구인가?

은평구 아파트 평균 가격이 1300만 원이다.

성북구가 은평구보다 조금 더 비싸다.

그러니 은평구 이상이 재개발된 증거이다.

은평구는 은평뉴타운, 성북구는 장위뉴타운, 길음뉴타운으로 재개발된 선례가 있다.

그러니 은평구 이하는 재개발이 힘들다는 얘기와도 같다.

그러나 요즘 분양권 시장이 죽고 재건축도 초과이익 환수제가 부활하면 재건축도 죽게 된다.

그럼 건설사 손가락 빨 수 없으니 재개발에 목숨 걸고 뛰어들 것이다.

그래서 그 이하도 재개발 되는 수요가 있을 수 있다.

그런데 만약 분양에 실패하면 어떻게 되는가?

분양을 했는데 일반분양분이 막대하게 미분양이 난다거나 하는 상황 말이다.

그럼 재개발로써의 쏠림은 더 이상 없을 수 있다.

건설경기 빙하기의 시대로 돌입하는 것이다.

경기 일부 지역예를 들면 성남, 안양 등부터 재개발이 있을 수 있으나 사실 쉬운 일은 아니다.

그렇다면 경기의 대부분은 재개발이 힘들고 인천은 아예 힘들다.

자 생각을 해보자.

빌라를 왜 사는가?

재건축, 재개발 때문에 산다.

그러나 현실적으로 서울 지역 이외에 재건축, 재개발이 힘들다면 이 빌라들은 어떻게 되는가?

아파트를 왜 사는가?

재건축 재개발 때문에 산다.

그러나 중층이라면 서울의 강남 3구 빼고는 거의 재건축이 힘들다.

리모델링도 서울의 한강변, 목동과 분당 정도를 빼면 리모델링이 힘들다.

그럼 그 이외의 지역은 어떻게 되는가?

즉 아파트, 빌라 등 주택은 모두 소비재가 된다.

내가 월세에서 이자를 빼고 10만 원이 남는가?

그런데 내 집값이 3억이라면 10만 원씩 모아서 언제 3억이 되는가?

3000달이고 250년이 걸린다.

지금 20만 원씩이 남는다면 125년이 걸린다.

결론은 갭투자 월세로는 집값 회수가 불가능하다는 것이다.

그러니 그 전에 팔아야 한다.

그러나 걱정할 필요가 없다.

현재 20년 정도 된 아파트는 그래도 앞으로 20년 정도는 되어야 재건축 얘기가 나올 것이고 그전까지 팔면 된다.

상가는 어떠한가?

상가는 용적률을 모두 뽑아먹은 상태다.

20층짜리로 지을 수 있는데 5층 정도로 지은 것 빼고는 용적률은 거의 다 뽑아먹은 상태라는 얘기다.

그런 경우에는 서울의 대로변 빌딩과 서울의 5대 상권강남, 홍대, 건대입구, 신촌, 명동 빼고는 재건축이 불가능하다.

그렇다면 경기, 인천을 비롯한 대부분의 지방은 상권의 재건축은 불가능하다는 얘기가 된다.

그렇다면 이러한 지역의 상권이 앞으로 20년 정도가 지나면 재건축을 못하는데 어떻게 하나?

슬럼화되는 것이다.

그렇다면 상권은 바뀐다.

상권이 바뀌면 공실이 발생한다.

물론 그전에 교통, 대기업, 유동인구의 이동 등으로 상권이 바뀐다.

그럴 경우에도 공실은 불가피하다.

그래서 상가는 핫플레이스나 법원 바로 앞 빌딩을 사도 불안한 것은 마찬가지다.

그러나 이것도 걱정할 필요는 없다.

20년 된 상가도 다시 20년이 지나야 재건축에 관한 얘기가 나올 것이다.

그럼 우리가 생각해봐야 할 것이 있다.

'주택, 상가로 대변되는 부동산이 영원한 것인가?'에 대한 근본적인 의문이다.

사람들은 우리가 신흥국에서 선진국으로 진입하는 과정에서 부동산으로 돈을 벌었다.

그러나 현재는 선진국도 아니지만 신흥국도 아니다.

아니 선진국에 가깝다.

그러니 이러한 부동산의 공식이 영원할 것이라 생각하면 안 된다.

재건축이 안 되면 슬럼화 된다.

슬럼화가 되는 주택, 상가는 최종적으로 자식에게 대물림이 되는 영원한 재화가 아니다.

만약 인구가 현재보다 늘어난다면 고쳐 쓸 것이다.

그러나 인구가 향후 줄어든다.

이민을 통한 인구 증가도 힘들다.

일본보다 우리나라가 훨씬 이민에 부정적이다.

차이나타운이 일본에는 있는데 우리나라에 없는 것만 봐도 이민은 우리나라에서 허용이 안 된다.

그렇다면 남아도는 집이나 상가에 대한 대책은 앞으로 불투명하다.

부동산은 지대라 했다.

왜냐하면 토지였기 때문이다.

토지는 농업에서 영원한 생산요소다.

농작물이 끊임없이 나오는 것이다.

그래서 대물림이 지금까지 가능했다.

그러나 우리가 가지고 있는 주택과 상가는 영원하지 않다.

그리고 앞으로 20년 정도의 기한이 남아 있다.

그럼 그 기한이 다가오기 전에 팔거나 아니면 재건축이 가능한 서울의 요지로 갈아타야 한다.

그러나 불가능한 시나리오이다.

왜냐하면 요지의 부동산은 적고 가격이 높다.

그러니 주택과 상가는 지금 이 시점에서 우리가 계속 사야 하는가에 대한 근본적인 물음에 대해 답을 하고 작전을 짜고 매입해야 한다.

그런 면에서 서울은 매력적이다.

역세권이나 강남을 비롯한 곳은 더욱 더 매력적이다.

차별화 되면서 빨대효과를 보일 것이기 때문이다.

결론은,

앞으로 자식들에게 물려줄 것은 재건축이나 재개발이 가능한 주택이나 상가면 서울의 강남이나 역세권이 될 터이다.

토지도 괜찮다.

공실의 위험이 없고 대를 이어간다 하더라도 슬럼화될 가능성이 없다.

임야건 농지건 끊임없이 재생된다.

주식은 더 괜찮다.

100년 이상 된 기업도 있는 마당이다.

그리고 기업은 끊임없이 재생된다.

GE가 가전을 팔고 산업인터넷을 하는 것처럼 말이다.

그들 중에서도 망하는 기업은 있을 것이다.

그러나 그렇다 하더라도 레버리지를 이용하지 않았다면 크게 위험은 없다.

왜냐하면 지금까지 투자한 돈만 날아가면 되지, 쓰지도 않은 레버리지까지 내가 책임져야 하는 것은 아니기 때문이다.

그런 면에서 상가, 주택은 레버리지를 크게 일으키는 상품인 만큼 위험성은 있다.

우량한 물건은 최소 3억 정도 되어야 하는데 공실과 슬럼화가 되면 월세는커녕 이자와 원금을 동시에 갚아야 한다.

그렇다면 레버리지는 고스란히 내 빚으로 남는다.

그래도 주택이나 상가가 부동산이니 남는 것이라 생각되는가?

이 글에서 내가 말하고자 하는 바는 재생될 수 없다면 언젠가는 죽는 것이고 쓰고 나면 버려지는 소비재라는 것이다.

상가도 크게 다르지 않다. 상가를 살 만한 곳은 어디인가? 국가는 상가를 사지 않으니 큰손은 기업이다. 기업이 사옥으로 쓸 만한 정도가 되면 큰돈을 벌 것이다. 그러나 그런 물건은 이미 비싸다. 개인이 손 댈 정도의 작은 금액이 아니다. 그렇다면 돈 많은 개인을 찾아야 한다. 기업을 하는 사람이나 전문직, 대기업 임원 등이다. 그런데 그런 사람이 상가를 산다면 서울의 5대 상권을 살 것이다. 그런 건물은 통상가, 즉 꼬마빌딩 정도는 되어야 한다. 가격은 몇 십억을 오르내린다. 개인의 영역을 벗어난다. 신용을 최대한 일으킨다고 가정하더라도 50% 정도는 자신의 돈도 있어야 한다. 결국 이런 상가를 사기 어렵다는 말이다. 샀다 하더라도 최대의 난점인 감가상각으로 인한 위험이 존재한다. 상가도 재건축을 못하면 비싼 소비재가 되는 것이다.

그런 면에서 토지는 유리하다. 몇 십 년이 지나도 그대로인 토지가 대부분이기는 하지만 그런 토지도 사업주체인 국가가 토지를 사면 땅값이 오른다. 그런데 토지는 공시지가의 1/10가격에도 살 수 있다. 공시지가가 매년 올라 10배 정도 올랐다면 매수가 대비 100배가 되기도 한다. 혹은 1000배 오르기도 한다. 1000배가 말이 되지 않는다고 생각한다면 다음의 기사를 보라.

50년간 땅값 변화 살펴보니… 밭 971배·대지 2309배 올랐다

한국의 땅값이 지난 50년간 약 3000배 오른 것으로 나타났다. 대지 가격 상승률이 밭의 두 배에 달하는 등 보유한 땅 종류에 따라 자산가의 희비가 엇갈렸다.

한국은행이 16일 발표한 '우리나라의 토지자산 장기시계열 추정' 보고서에 따르면 한국의 명목 토지자산 가격 총액은 1964년 1조 9300억원에서 2013년 5848조원으로 늘어났다. 50년 사이 3030배가 된 것이다. 토지의 m^2당 평균가격은 1964년 19원60전에서 2013년 5만8325원으로 2976배가 됐다. 대지 가격은 같은 기간 389원30전에서 89만8948원으로 2309배가 됐다. 도로와 다리 등을 비롯한 기타 용지는 34원에서 10만5762원으로 3111배까지 뛰었다.

반면 밭값은 m^2당 44원60전에서 4만3296원으로 971배 오르는 데 그쳤다. 논값은 32원30전에서 4만7867원으로 1482배 상승했다. 단위면적당 논 가격이 밭 가격을 추월한 것이다.

전체 지가총액에서 논밭과 임야가 차지하는 비중은 57.2%에서 23.7%로 낮아졌다. 대지의 비중이 28.8%에서 50.8%로 뛰었다. 조태형 한은 국민계정부 국민BS팀장은 "대지와 기타 지목 가격이 크게 오른 것은 경제 개발과 교통망 구축이 활발하게 이뤄졌기 때문"이라고 설명했다. 이 기간 땅값 상승률 3030배는 국내총생산GDP 증가율인 1933배보다 높다. 토지자산 가격 총액의 GDP 대비 비율은 평균 392%를 나타냈다. 1970년과 1991년엔 500%를 넘기기도 했다.

지가총액에서 정부가 소유한 몫은 13.2%에서 26.1%로 두 배가 됐다. 교통망 구축을 위해 논밭과 임야 등을 민간에서 사들인 데 따른 것으로 보고서는 분석했다.

[출처: 한국경제신문 2015년 11월 16일자]

기사처럼 토지가격이 폭등할 수 있었던 이유는, 토지를 매입하는 주체가 국가, 기업인 상황에서 토지가 비싸게 팔리고 비싸게 사더라도 더 비싸게 사줄 개인이 있었기 때문이다. 즉 대규모 택지개발을 통해 아파트나 상가단지로 개발해 다수의 개인에게 매각이 가능하기에 국가나 기업이 비싸게 사주는 것이 가능하다.

그러나 점점 토지로 돈 버는 일이 힘들어지고 있다. 우리나라가 선진국으로 진입하여 인건비가 올라가고, 토지의 가격이 오르고, 인구가 줄어들고, 고령화가 지속되면서 토지로 인한 대박 확률이 줄어들기 때문이다.

그러니 토지 투자에 관심이 있다면 해외로 눈을 돌려보는 것도 좋다. 예를 들이 베트남의 경우 공장건설이 붐이다. 그런데 베트남의 토지는 거의 국가소유이기 때문에 살 수가 없다. 그러나 아주 불가능한 일은 아니다. 공장 등을 경영한다면 토지 매입이 가능하다. 항구와 같은 곳의 공장지대를 사서 공장을 경영한다면 경영으로 인한 이익보다 차후 그 공장부지를 팔아 남는 이익이 더 클 것이다.

그래서 한국으로 토지투자를 한정한다면 그냥 농지연금 정도를 묻어놓는 것이 최선이다. 그래도 토지투자를 한다면 행복하다. 농사 지을 수 있는 농지를 소작농에게 맡겨놓는다면 매달 쌀이라도 나오고 남는 돈으로 토지를 또 매입한다면 공실이 날 위험, 세입자에게 전화 올 위험, 감가상각의 위험에서 안전하다.

주식은 어떠한가? 주식도 위험성을 내포하고 있지만 100배, 1000배 오를 잠재력을 갖고 있다. 네이버는 8000원에서 88만 원까지 올라갔고, 삼성전자도 3만 원에서 200만 원 이상을 돌파했다. 주식은 토지보다도 그 기간 면에서 짧다. 한국 주식만 있는가? 해외주식도 있다. 주식의 매수 주체는 개인, 기관, 외국인이다. 우리가 해외주식을 산다면 우리도 외국인이다. 개인이 비록 불리하다고 하지만 그것은 어디까지나 사고팔고를 반복하는 단기투자일 때의 경우다. 장기투자에서는 누구에게도 유·불리가 없다. 주식을 매수하는 주체 중에는 돈이 많은 기업, 은행, 국가기관, 연기금 등이 있으므로 앞으로 유망한 기업의 주식이라면 100배의 상승이 가능하다. 개인의 힘이 아닌, 돈이 많은 매수주체의 힘을 믿는 것이다.

장기적인 주식투자는 토지와 마찬가지로 투자가 행복하다. 내가 할 일은 좋은 기업을 산 후 지켜보기만 하면 된다. 그리고 그 기업을 감시하는 주체는 다양하다. 회계감사가 있고 이사진이 있고 뉴스를 전달하는 기자가 있다. 이들이 기업을 감시하고 소식을 전한다. 그러니 꾸준히 뉴스 등을 보면서 기업의 향방을 가늠하기만 하면 된다.

자본주의 사회에서 기업이 벌어들인 이득은 모두 주주의 몫이다. 기업의 가치가 올라가건 배당을 하건 주식이 오르건 말이다. 그리고 세계유수의 기업에 투자를 했다면, 투자한 나보다 100배는 똑똑한 직원과 CEO가 밤낮없이 일한다. 나를 위해서 말이다. 그러니 나는 투자를 해놓고 기다리면 된다.

그런데 아무 기업이나 투자해 놓고 기다리면 되는가? 아니다. 주식투자 원칙은 이 책의 3부 1장 'JD부자연구소 주식투자 원칙'편에서 자세히 다루었으니 참조하기 바란다.

국내주식에 한정할 필요가 없다. 돈이 가장 많은 곳이 어디인가? 미국이다. 세계에서 가장 강력한 통화는 달러다. 따라서 달러 자산이 있는 기업에 투자하는 것이 가장 좋은 투자다. 미국뿐 아니라 중국, 일본, 유럽의 선진국 등이 여기에 해당된다. 향후 시장이 넓어지고 독점적이고 세계1등주인 기업에 개인이 분산투자하고 장기투자한다면 투자에 실패할 리가 없다.

그리고 행복하다. 이유는 토지와 마찬가지로 내가 할 일이 별로 없기 때문이다. 세금의 경우 해외주식으로 수익이 발생하면 22%의 양도세를 내야 한다. 적지 않은 금액이지만, 주택의 38%에 비해서는 비교우위에 있다. 또한 돈 없는 개인과 싸울 필요도 없고, 각종 지방세에 시달리지 않아도 된다. 그리고 100억을 벌 수 있는 가능성이 있다는 사실이 가장 중요하다.

보유하면서 고단하지만 실제 부자가 될 확률이 낮은 부자를 꿈 꿀 것인가? 아니면 보유할 때 힘들지 않으면서 부자가 될 확률이 높은 부자를 꿈 꿀 것인가? 대답은 너무나 자명하다.

대량 매수주체	주택 개인	상가 개인	토지 기업, 국가	주식 기업
최고로 오를 가능성	약 10배	약 2배	1000배 이상도 가능	1000배 이상도 가능
감가상각	재건축 안 되면 가치 없음	재건축 안 되면 가치 없음	없음	없음
사고나서 할 일	각종 잡일	각종 잡일	없음	없음
세금	취득세, 양도세, 재산세, 복비 등	취득세, 양도세, 재산세, 복비 등	취득세, 양도세	해외주식 양도세(22%)
100억 도달 가능성	100채를 3억 주고 사서 4억	구분상가 가능성 없음	1억으로도 가능	1억으로도 가능
리스크	공실, 역전세난, 원금상환, 재산세	공실, 원금상환, 재산세	없음	없음

세상은 전광석화처럼
갑자기 변한다

시간은 멈추지 않으며, 세상은 시간 위를 흘러간다. 세상은 사람들이 원하는 방향으로 흘러가는데, 사람들이 원하는 방향이란 편하고 쉬운 길이다.

사람들의 이러한 욕구를 잘 파악한 기업은 '흥'하고, 잘못 파악한 기업은 '망'한다. 시간 위를 달리는 세상의 욕구를 잘 아는 기업이 살아남는다는 뜻이다.

그런데 시장지배적 기업 중에서도 '시간이 멈추었으면 좋겠다'고 생각하는 기업이 있다. 지금 당장은 매출도 높고, 직원들도 많고, 이익도 많기 때문이다. 시간이 멈추기를 바라는 기업은 곧 혁신이 멈춘 상태다. 누군가는 시장 지배자인 나를 이기려고 매일 혁신하는 와중에 현실에 안주해 당장의 이익에 만족하고 있다면, 지배자와 추격자 사이는 매일 조금씩 좁혀진다. 그리고 눈 깜짝할 사이에 저 앞을 내달리고 있는 추격자사실은 새로운 지배자를 허탈한 표정으로 바라만 봐야 한다. 앞서 세상을 지배했던 글로벌 500대 기업이 순식간에 새로운 이름으로 대체되는 모습을 보지 않았는가.

그래서 좋건 싫건 자전거는 달리지 않으면 넘어지게 되어 있다. 넘어지지 않으려면, 아니 추격자를 따돌리며 앞으로 나아가려면 끊임없이 페달을 밟아야 한다. 이런 기업에 투자한 사람들은 기업이 부지런히 페달을 밟아준 덕분에 가만히 앉아 구경하는 것만으로도 기업의 수확물 중 일부를 보상받을 수 있게 된다. 그것이 바로 주식투자의 결과물인 '수익'이다.

반대로 시간이 멈추기를 바라는 기업, 부지런히 페달을 밟지 않은 기업에 투자하면 어떻게 되는가. 기업과 함께 침몰하고 만다. 대표적으로 코닥은 시간이 멈추기를, 필름 시장이 영원하기를 바랐다. 사람들 역시 필름이 얼마나 불편한 제품인지 알지 못했다. 그런데 어느 날 디지털카메라가 나오자 '불편한 필름'이 보이기 시작했다. 디지털카메라에 이어 웹이 발달하면서 사진은 나와 가족이 꺼내보는 사적 소유물이 아니라, 웹상에서 불특정 다수가 보는 방식으로 바뀌었다. 사람들이 원하는 방향은 아무리 여러 장을 찍어도 필름 값이 들지 않고, 인터넷에 올려 저장과 무한 재생이 가능한 방법이었다. 코닥은 시간을 타고 흐르는 사람들의 욕구를 파악하지 못했기에 그들의 시계바늘은 멈추고 말았다.

노키아 역시 마찬가지다. 노키아가 어떤 기업이었는가. 삼성이 그들을 따라잡기 위해 고군분투했음에도 불구하고 삼성을 항상 2등에 머물게 했던 피처폰 시장 부동의 1위였다. 그들 역시 시간이 멈추기를, 피처폰 시장이 영원하기를 바랐을 것이다. 사람들 역시 피처폰이 얼마나 불편한 것인지 알지 못했다. 하지만 애플이 스마트폰을 만들자 피처폰은 순식간에 골동품으로 전락하고 말았다. 반면 스마트폰은 사람들의 욕구를 충족시켜 주었다. 걸어 다니면서 인터넷을 할 수 있고 사진을 찍어서 실시간으로 자신의 페이스북에 올릴 수도 있다. 욕구를 충족시키지 못했던 노키아는 이후 파산의 길을 걷고 만다.

자동차 회사들도 시간이 멈추길 바라는 것처럼 보인다. 하지만 자율주행차가 생기면 자동차 기업들은 IT 기업의 노예가 된다. 그래서 그들은 자율주행기술을 개발하던 우버와 같은 공유경제의 모델로 변신을 꾀하고 있다. 코닥이나 노키아처럼 한순간에 사라질 수 있다는 절박함 때문이다. 문제는 알면서도 대처가 어렵다는 데 있다. 자금은 많아도 IT기업을 살 수 없고 기술을 축적하는 데도 시간이 걸린다. 그래도 사람들이 원하는 방향은 차를 타고 명절에 14시간씩 운전을 하며 가는 것보다 운전은 자율주행차가 대신하는 방식이다. 누가 운전하는 즐거움이 크다고 하는가? 매일 운전하는 택시 운전기사는 죽을 맛이라고 하는데 말이다. 그 시간에 다른 일을 하는 것이 더 효율적이고 편리하다. 그것이 사람들이 원하는 방향이다.

아마존은 '아마존고'라는 슈퍼마켓을 운영 중이다. 물건만 가지고 나오면 자동으로 결제가 된다. 계산을 하지 않아도 스마트폰으로 계산이 된다. 우선 계산을 돕는 캐셔가 없어질 것이다. 계산할 필요가 없으니 계산대도 사라진다. 이 기술 역시 먼 미래의 이야기가 아니다. 택배회사 중 한 곳은 이미 자동분류시스템을 도입했다. 사람이 일일이 택배물건을 확인하는 방식이 아닌 기계를 통과하면 자동으로 분류되는 방식이다. 이 시스템으로 하루가 걸리던 분류시스템이 오전이면 끝난다. 배송시간이 획기적으로 빨라졌음은 두말할 필요가 없다.

아마존은 이 시스템의 특허를 냈고 해당 기술을 저렴한 가격에 공급할 예정이다. 그러면 대형마트나 백화점은 아마존의 노예가 되고 캐셔는 사라질 것이다. 그러나 아마존이 노리는 것은 결제 시스템이다. 그러면 신용카드 회사가 필요 없어질 것이다. 왜냐하면 결제는 신용카드가 아닌 아마존의 회원이어야 하니 말이다. 이 역시 사람들이 원하는 편리한 방향이다.

이길 수 없으면 판을 바꿔야 한다. 지키기만 하는 기업은 버려야 한다. 주식투자 기업을 고를 때 이러한 방향으로 흘러가고 있는지 살펴보라. 그렇지 않다면 얼마 안 가 침몰하니 다른 배로 갈아타야 한다.

4차 산업혁명이라는 큰 물결이 다가오고 있다. 사람들은 아직 4차 산업혁명이 가져다줄 편리함을 실감하지 못한다. 따라서 현재의 불편함도 알지 못하며, 세상이 어떻게 바뀔지도 짐작하기 어렵다. 하지만 한 번만 써 봐도 그 편리함과 효용성은 곧바로 알 수 있다. 전광석화처럼 변하는 세상을 보게 될 것이다.

100배 이상 오를 곳에
쌓이는 구조를 구축하라

대기업을 은퇴했는데 왜 가난할까? 노후준비가 안 되었기 때문이다. 왜 노후준비가 안 되었을까? 은퇴준비가 잘되어 있다고 착각했기 때문이다. 은퇴란 돈이 나오던 수도꼭지가 한순간에 잠겨버리는 것이다. 그런데도 은퇴준비가 잘되어 있다고 착각하는 경우가 많다.

예를 들어 은퇴를 하고 나면 '그래도 남들보다는 더 잘할 거야'라고 막연히 생각한다. '대기업 다니면서 이렇게 자기관리를 잘했는데. 인맥도 괜찮았고, 떡볶이집이야 뭐 쉽지. 커피숍 프랜차이즈쯤이야 뭐 대충 차려도 사람 많이 오는 것 아니야?'

이들의 근거 없는 자신감은 어디에서 왔을까?

최근 강남에서는 의대를 가기 위해 80%가 넘는 학생들이 이과에 지원하고 있다고 한다. 왜 그런가 봤더니 의대 정원이 늘어서란다. 한때는 서울대 물리학과, 컴퓨터공학과 아니 연고대의 공대보다도 밀리던 일부 의대가 아니었는가.

의대 선호 현상이 일어난 이유는 무엇인가? 의대와 공대는 기술을 배우는 학문이다. 그런데 그 기술이 조금 다르다. 공대에서 배우는 기술은 집단 안에서만 발현된다. 그러니 기업을 나오면 아무 쓸모없는 것이 되고 만다. 기업을 나와 개인적으로 반도체를 만들 수는 없는 노릇이 아닌가? 따라서 그 기술은 명퇴를 당하면 쓸 곳이 없어진다.

반면 의대는 어떠한가? 의대는 대학병원을 나오더라도 자영업으로 얼마든지 기술을 계속 사용할 수 있다. 그리고 누구도 넘볼 수 없는 자격증이 있다. 만약 자기 밥그릇이라도 건드릴라치면 이익집단이 가만 놔두지 않는다. 자격증에 도전하는 자는 법적으로 걸어서라도 콩밥을 먹이고야 만다. 그러나 그 기술이라는 것도 한국을 벗어나면 쓸모가 없어진다. 물론 시험을 봐서 합격하면 될 문제지만, 한국에서의 의사 경력을 인정해 주는 나라는 거의 없다. 미국 의사가 한국에 와도 사정은 마찬가지다. 그래서 북한에서 넘어온 의사 출신 탈북자는 한국에서 자격증이 인정되지 않아 공사판에서 막노동을 했다고 한다.

이런 일이 일어나는 이유는, 이익집단의 풀Pool을 좁혀야 하기 때문이다. 경쟁자가 많아지면 내 몫은 당연히 줄어들 수밖에 없다. 그러니 우리나라에서는 한 번 의사면 죽을 때까지 의사다. 법률적으로 특정한 자에게만 귀속하며 타인에게는 양도되지 않는 속성인 일신전속의 권리를 가진다.

여기서 또 다른 기술이 있다. 용접, 미용과 같은 기술이다. 이 기술

역시 일신전속이지만 국내뿐 아니라 외국에서도 써먹을 수 있다. 왜냐하면 자격증이 있기는 하지만 잘하느냐 못하느냐의 문제지, 이 기술을 쓰다가 사람이 죽거나 살지 않기 때문이다. 게다가 해외에서도 이익집단의 이익을 해치지 않는다. 오히려 이런 기술을 가진 사람이 없어서 이민신청 시 1순위로 들어갈 수 있다. 호주로 이민을 가고 싶은가? 용접이나 미용을 배우라. 의무적으로 재직해야 하는 시간만 채우면 다른 일을 할 수 있다.

일의 연속성을 체감하지 못하는 사람들이 있다. 바로 대기업에 다니는 사람들이다. 자신이 화학분야 최고의 기술을 가지고 있다고 해도 공장에 있을 때 얘기지, 나와서는 자신이 공장을 짓지 않는 한 아무 쓸모가 없다. 게다가 그 기술이란 것도 좁은 한 분야가 아닌가? 관리쪽도 마찬가지다. 회계, 총무, 영업 등 자영업을 할 때 응용은 가능하겠지만 이런 기술이 자신을 먹여 살려줄 것이라 생각하면 안 된다.

그럼에도 불구하고 자영업을 하면 잘할 거란 착각을 하고 대기업에 안주하면서 '나가면 잘 될 거야. 밥은 먹고 살겠지'라는 근거 없는 자신감만 충만해 있다.

하지만 은퇴를 하고 냉혹한 현실과 마주하면 정신이 번쩍 든다. 생각지도 못했던 문제에 봉착하여 이러지도 저러지도 못하는 상황에 빠지고 만다. 아무리 이력서를 넣어도 오라는 데가 없다. '내가 왕년에 이런 사람이었는데. 심지어 임원이었는데.' 그런데도 갈 곳이 없다. 그제야 자신의 기술이 일신전속의 기술이 아닌, 집단 속에서나 발현되는 기술임을 깨닫는다. 조직의 톱니바퀴 속에 맞물려 있을 때는 기가막힌 기술이었을지 몰라도, 조직을 떠나고 나면 과거의 영광으로 남을 뿐이다.

한국은 OECD 회원국 중 노인빈곤율과 노인자살률 1위라는 불명예를 안고 있다. 나라를 위해, 가족을 위해, 자녀를 위해 인생을 부지런히 불태웠지만, 정작 자신을 위한 준비는 부족했던 결과다. 돈이 없어 자살까지 하는 이유는 우리가 이미지 소비사회에 살고 있기 때문이다.

이미지 소비사회란 무엇인가? 장 보드리야르는 1930년 자신의 영화를 통해 이미지 소비사회를 설명하였다. 이 영화의 내용은 다음과 같다.

학생인 주인공은 가난하고 보잘 것 없는 자신의 신분에 괴로워한다. 어느 날 마음에 드는 여학생을 만나지만 그녀는 부자다. 그런데 그것을 본 악마가 나타나 주인공에게 "산더미만큼의 돈을 줄 테니, 대신 거울 속의 네 모습을 나에게 넘겨라"라고 말한다. 주인공은 "예스!"를 외쳤고, 악마는 거울에 비친 주인공의 모습을 말아서 주머니에 집어넣는다. 그 후 주인공은 어디를 가나 악마가 준 돈으로 성공하지만, 악마가 풀어놓은 분신으로 인해 혼란을 겪는다. 자신은 그대로 있지만 그 분신이 자신의 행세를 하는 것이다. 악마는 그와 똑같은 분신을 만들어 사람들 사이를 이간질시키고 급기야 살인까지 저지른다. 주인공은 자신의 방에 따라 들어온 분신이 거울에 보이는 순간 총을 쏴서 그 분신을 죽인다. 그러나 그 분신은 자신이었고 주인공도 결국 죽고 만다.

분신은 곧 자신이다. 학생이 공부를 하는 이유는 명문대에 진학하기 위해서다. 명문대라는 대학은 그 자신이 아니다. 그러나 명문대에 들어가는 순간 자신은 그 분신이 된다. 유명한 영화 대사가 있다.

"나 이대 나온 여자야!"

사람들은 자신의 이미지 소비를 위해 분신을 내세운다. 명품백을 들고 다니는 이유는 돈이 많다는 사실을 과시하기 위해서다. 외제차를 끄는 이유도 비슷하다. 젊은이들이 대기업을 선호하는 이유는 무엇인가? 연봉과 함께 신분도 특정되기 때문이다. 당당히 친구들을 만날 수 있고, 술값도 낼 수 있다. 골프, 자동차, 집. 어느 정도 예상 가능한 삶을 그릴 수 있다.

이 모두가 남에게 보여주기 위한 자신의 이미지, 즉 분신이다. 그러나 분신은 허울뿐이다. 억대 연봉을 받아도 남는 돈이 거의 없는 경우가 부지기수다. 돈이 많을 것이라는 이미지를 보여줄 뿐 겉과 속이 같다는 등식은 성립하지 않는다.

왜 사교육을 시키는가? 아이의 미래를 위해서이기도 하지만 아이가 명문대를 들어가야 자신의 위신이 서지 않는가? 모두 이미지 소비다. 여기서 개인적인 의견을 밝히자면, 아이의 교육은 사교육이 아니라 부모가 직접 시키는 것이라 믿는다. 정말 아이를 생각한다면 주말에 골프치러 나갈 시간에 집에서 아이와 인강(인터넷 온라인강의)을 듣는 것이 더 효과적이지 않을까.

너무나 많은 돈이 이미지 소비에 사용된다. 당장은 수입이 있으니 그 분신이 영원하리라 생각한다. 그러다 명퇴를 당하거나 은퇴하면 알게 된다. 자신은 허울 속에 살았고 당장 할 수 있는 일은 아무것도 없다는 사실을.

은퇴 후 현실을 부정하며 이미지 소비를 계속하려면 어떤 방법이 있을까? 자영업을 해야 한다. 퇴직금과 평생 모은 돈을 전부 털어 그럴싸한 커피숍을 차린다. 커피숍을 차리고 나니 그제야 주변에 비슷한 커피숍이 6개나 있다는 사실을 깨닫는다. 왜 장사가 되지 않아 골머리를 앓아야 주변이 보이는 것일까? 시작하기 전에는 '그쯤이야 별로 어려운 일도 아니지'라는 생각에 사로잡히게 되는 것일까?

디플레이션 시대에 준비 없이 시작하는 자영업은 망하는 지름길이다. 디플레이션은 공급이 넘쳐서 생긴 현상이다. 자영업은 곧 공급을 더 늘리는 행위이므로 성공의 문은 더욱 좁아질 수밖에 없다.

자영업이 아니면 무엇이 있는가? 가진 돈을 은행에 맡긴 후 노인택배, 택시운전, 경비 일을 하는 것이다. 그래도 이는 현명한 선택이다. 이미지 소비를 하지 않고 노동으로 돈을 버니 말이다. 그러나 은퇴 후의 노동은 힘이 든다. 저축도 힘들기는 마찬가지다. 왜냐하면 디플레이션 시대란 수요가 없는 현상인데 수요가 없는 상황에서 저축을 통해 더 공급을 늘리고 있기 때문이다. 그래서 저축에 이자가 거의 붙지 않는다.

만약 은퇴 후 사업에 실패하거나 빈곤층 노인이 된다면 어떻게 되는가? 극단적인 경우 자살을 선택한다. 자신의 분신을 죽이듯 자신을 죽이는 것이다. 자신의 분신이 자신인데 그 분신이 대기업을 다닐 때의 위풍당당한 모습이 아니라 반지하에서 쓸쓸히 폐지나 모으는 모습이기 때문이다.

은퇴를 했는데도 돈이 없으면 차라리 동남아를 가라. 한 달에 100만 원이면 생활비로 충분하다.

현대는 이미지 소비의 사회다. 이미지는 분신이고 분신이 죽으면 자신도 죽는다. 그러나 사실 이미지는 자신의 진짜 모습이 아니다. 이미지가 생산을 한다면 모를까 소비는 자신에게 도움이 안 된다. 이미지가 생산하는 사람은 누구일까? 연예인이다. 연예인은 화장을 함으로써 자신을 상품으로 만들어 판다. 그러나 일반인은 화장을 함으로써 자신을 가린다. 일반인이 하는 활동은 생산활동이 아닌 소비활동이고 연예인은 화장을 함으로써 생산활동을 하고 있다.

이미지 소비를 줄여야 한다. 그리고 그 돈으로 쌓이는 구조를 만들어야 한다. 쓸데없는 데 돈을 쓰지 말고 그 돈으로 우량주식을 사고 토지를 사자. 그러지 않으면 분신을 위한 소비만 하다가 은퇴를 맞게 되고 은퇴 후 거울에 비친 화장을 지운 자신의 맨 얼굴을 대하는 순간 극단적인 선택을 해야 할 수도 있다.

재산은 증식해야 한다. 주택이나 상가는 증식할 수 있는 재산이 아닌 소비하는 자산이다. 강남의 주택과 상가라면 생산이 가능하다. 재건축이 가능하기 때문이다. 그러나 대부분의 주택은 재건축이 불가능하다. 그러니 감가상각이 발생하는 소비재일 뿐이다. 당장 월세가 나오고 있어도 언젠가는 그 자산이 쓸모없어져 빚이 된다.

반면 토지와 주식은 쌓이는 구조를 만들 수 있다_{자세한 내용은 이전 책《한국의 1000원짜리 땅 부자들》을 참조하라.} 레버리지를 이용하지 않고 토지와 주식을 살 수 있고 모을 수 있다. 단위가 작기 때문이다. 그리고 100배 이상을 바라볼 수 있을 정도로 많이 오르는 속성이 있다. 또한 제대로 된 상품을 사는 것이 그리 어렵지 않다. 상식선에서 사면 된다. 이미지 소비를 하지 않고 은퇴할 때까지 토지와 주식을 모으면 은퇴준비는 끝이다. 은퇴 후 내가 만날 세상은 현재 내가 가지고 있는 분신을 지운 세상이다. 그 세상에 맞서려면 돈이 제일 중요하다.

남들보다 싸게 살 기회를
놓치지 마라

투자란 남들보다 싸게 사서 비싸게 파는 과정이다. 남들보다 싸게 사려면 남들이 보지 못하는 세상을 상상해야 하고, 그 상상을 바탕으로 주식과 부동산을 사야 하고, 남들이 알아줄 때 팔아야 한다. 그러니 남들을 따라만 해서는 절대 부자가 될 수 없다.

자동차 왕 헨리 포드는 유명한 말을 남겼다.

"내가 만약 고객의 말에 귀를 기울였다면 자동차가 아니라 더 빨리 가는 말을 만들었을 것이다."

스티브 잡스도 비슷한 말을 했다.

"나는 소비자를 대상으로 시장조사를 하지 않는다. 소비자는 새롭고 혁신적인 제품을 보여줄 때까지 그들이 무엇을 원하는지 알지 못한다."

한국에서 주방가구를 만들던 사장은 고객을 대상으로 자사제품을 쓸 때 어떤 점이 불편하냐고 물어봤다. 고객들은 한결같이 별 불편을 못 느꼈다고 했다. 그래서 사장은 가정집 주방에 CCTV를 달아놓고 관찰을 시작했다. 그때만 해도 주방의 위층 문짝은 창문처럼 활짝 여는 구조여서, 주방 일을 하며 문을 열어놓은 것을 깜빡 잊은 주부들이 머리를 문에 부딪치기 일쑤였다. 그래서 사장은 상판에 있는 문을 위로 올려 열도록 만들었다. 사례에서 보듯 '미래의 혁신은 고객이 알지 못한다.'

거꾸로 생각해보자. 창조적인 일이나 창조적인 물건은 누구의 머리에서 나오는가? 창조적인 몇몇 사람에게서 나온다. 일반인은 생각해내기 어려운 일들이다. 창조적인 사람조차 그 일이나 그 물건이 성공할지 얼마나 유용할지 정확히 예측하기란 어려운 일이다.

일반인은 언제 아는가? 가장 빨리 아는 사람은 소위 얼리어답터_{신제}품을 가장 먼저 사서 사용해보는 사용자일 것이다. 나온 지 몇 년이 지나도 그런 제품이 나왔는지조차 모르는 경우도 허다하다.

그런데 창의력이 풍부한 사람이 자신의 생각을 피력했을 때 그 말을 알아들을 사람이 몇이나 될까? 테슬라의 전기차를 타본 사람만이 그 유용성과 혁신성을 알 수 있다. 오토파일럿 기능도 써보고, 전기차 속성상 소음이 없다는 사실도 느끼고, 슈퍼차지 스테이션을 통해 무료로 태양광을 충전할 수 있다는 사실을 알아야 그 혁신성을 깨달을 수 있다. 그러나 그때가 되면 늦는다. 이미 너무 많은 사람들이 알아버렸기 때문이다. 투자성공의 열쇠인 '남들보다 싸게 살 기회'가 지나간

후다.

미술품은 어떨까? 미술관을 조사해보니 전시되어 있는 작품은 절반에 불과했다. 심지어 어떤 미술관은 1/4에도 못 미쳤다고 한다. 나머지는 창고에서 잠을 자고 있다. 왜일까? 미술관의 관람객 입장료, 유지 비용 등을 따져보니 적정한 크기의 미술관을 지을 수밖에 없다. 이런 의문이 들 수 있다. '차라리 미술관 전시상황에 맞도록 미술품을 적당히 사면 되지 않는가?' 그러나 그것은 미술품의 특성을 모르기 때문에 생기는 의문이다. 미술관의 입장에서 보면, 유명하지만 아직 가격이 싼 미술품이 있는데 이 미술품의 가격이 뛰는 시기는 화가나 조각가가 죽었을 때이다. 언젠가는 그 예술가가 죽을 텐데 그때가 되어서 미술품을 사려면 너무 비싸서 살 수 없다. 그러니 창고에 오래 보관하는 한이 있더라도 미술품을 미리 사놓는 것이다.

투자에 성공하려면 반드시 쌀 때 사야 한다. 아무리 좋은 물건도 비쌀 때 사면 그것만으로도 악재다. 비싸게 사서 더 비싸게 팔기란 어려운 일이며, 리스크를 안고 시작하는 게임이다. 반면 싸게 사는 것은 그 자체로 호재다. 사람들은 보통 현재의 가격이 싼지 비싼지 생각하기 보다는 더 비싸질 이유만 생각한다. 이미 비싸질 데로 비싸진 물건에 사람이 몰리는 이유가 여기에 있다.

남들이 알기 전 쌀 때 사기 위해서는 상상의 힘이 필요하다. 투자의 기본이다. 그러니 천재가 "어떤 세상이 올 것이다"라고 얘기하면 자신의 머리로 '아! 맞아. 그러한 세상이 올 거야'라고 상상해야 하고, 그 천재의 생각에 동조하고 실천에 나서야 한다.

그러나 확률적으로 천재는 0.1%, 추종자는 0.9%의 비율밖에 되지 않는다. 세계적인 비율로 보면 천재는 0.01%, 추종자는 0.09%라는 사람도 있다. 그러니 세계의 0.1%만이 엄청난 부를 획득하는 것이 아니겠는가.

이를 부동산에 적용시켜보자. 남들이 가지 말라는 지방 아파트를 살 때 수익률이 좋았다. 그런데 일반인은 어떻게 생각하는가? 상상만으로는 안 되고 남들이 다 사보고 값이 올라보고 친한 친구의 집값이 올라봐야 안다. 왜 이런 일이 벌어질까? 상상하지 않으니 행동이 뒤따르지 않는다. 그저 먼 이야기일 뿐이다. 어떤 이는 그때가 되면 매수에 들어가는데, 이미 늦었다. 가격이 너무 많이 올라 갭이 벌어져 있고, 그 때문에 실질적으로 더 많은 돈이 들어가야 하고, 가격적인 위험 즉 악재가 가득하기 때문이다.

지금 사면 1000만 원이데 그 때 사면 1억이다. 9천만 원을 더 주고 사는 데도 떨어질 가능성은 훨씬 높다.

주식도 마찬가지다. 지금 당장 수익을 주는 주식은 에너지, 석유화학, 내연기관 자동차 등이다. 그러나 세상 돌아가는 판세를 보라. 석유, 석탄의 시대는 가고 신재생에너지의 시대가 오고 있다. 그러나 당장은 석유, 석탄이다. 천재들이 말로 표현한 생각들은 언제 올지 모르는 먼 미래의 이야기로밖에 들리지 않는다. 그 생각에 기대어 상상하지 않으면 행동도 있을 수 없다. 그러니 지금 당장 수익을 주는 주식에 집중하는 것이다.

개인들이 부동산에서 단타투자자가, 주식에서 데이트레이더가 되는 이유가 여기에 있다. 먼 미래보다는 오늘의 수익에 집중한다. 이래서는 부동산이든 주식이든 투자자가 아닌 매일 오르고 내리는 그래프에 일희일비하는 노동자가 될 뿐이다. 이런 노동자의 앞날은 캄캄하다. 시간이 지나도 나아지는 것이 하나도 없는 고단한 인생을 살 것인가?

앞선 3번의 산업혁명, 누가 돈을 벌었는가?

돈을 크게 버는 방법에는 3가지가 있다.

첫째, 사업이다.

아이디어에 사업수완을 덧입히면 셀 수 없이 많은 돈을 벌 수도 있지만, 한순간에 공든 탑이 무너질 수도 있다. 돈을 크게 버는 가장 좋은 방법이며, 단기간에 목적을 이룰 수도 있다.

둘째, 주식이다.

자본주의 사회는 근로자들의 자본주의가 아닌 주주자본주의이다. 근로자들은 열심히 일하지만 월급 이외에는 더 이상 벌 수 없다. 그 회사를 통해 진짜 큰돈을 버는 사람들은 바로 회사의 주인 주주이다. 몇 배 혹은 몇 십 배 심지어는 몇 백 배의 돈을 벌 수 있다.

자본주의 사회에서 부자가 되려면 주식을 사야 한다. 돈이 남으면 남는 대로 사야 한다. 주식을 먼저 산 후 남은 돈으로 생활해야 한다. 그렇게 5년이고 10년이고 아니 은

퇴 후까지 계속해서 산다. 기간이 길수록 부자가 될 확률
도 높아진다.

셋째, 땅이다.

땅을 사서 돈을 번 사람은 부지기수로 많다. 부동산에서 부자가 된
증거가 존재하는 분야는 땅뿐이다.

내가 아는 한 그 밖의 방법으로 부자가 되는 길은 없다. 부동산 임
대사업자는 부자가 될 수 있을까? 부동산 임대사업자는 또 하나의 월
급쟁이에 불과하다. 몇 백억 대 빌딩을 대출 한 푼 안 받고 샀다면 모
를까, 임대사업자는 월급쟁이와 다르지 않으며 결코 부자가 아니다.

월급쟁이도 마찬가지이다. 소위 말하는 전문직 의사, 변호사 등도
위의 3가지 중 한 가지를 평생에 걸쳐 하지 않으면 부자가 될 수 없다.
남들보다 조금 여유 있는 삶을 살 수는 있겠지만 말이다.

그렇다면 어떤 주식, 어떤 회사에 투자해야 하는가? 부동산과 마찬
가지로 세상을 바꾸는 흐름을 이해하고, 통찰을 통해 투자해야 한다.
지금부터 그 이야기를 해보자.

나는 지금까지 부동산에 투자했다. 부동산 흐름을 관찰하고 흐름
에 맞춰 투자했다. 2000년 이전까지는 경매, 2000년대 초반에는 분양
권, 2004년까지는 재건축, 2007년 3월까지는 재개발, 2007년 6월까지
는 서울, 경기 오피스텔, 2012년까지 지방, 2014년까지 수도권, 최근에
와서는 서울로 투자 대상을 옮겼다.

부동산만 흐름이 있는 줄 알았다. 그런데 의문이 생겼다. 우리나라에서 부동산 가격이 가장 많이 떨어진 시기는 1997년 IMF와 2008년 세계금융위기 때였다. 한국의 인구구조나 부동산 흐름과는 관계없는 외부변수에 의한 것이었다. 그래서 부동산에 대해 더 잘 알려면 세계적인 흐름을 알아야겠다는 생각이 들었다. 세계적인 흐름을 알게 되었고 그 흐름을 통해서 보니 우리나라 부동산의 흐름은 가느다란 시냇물 정도였다는 사실을 깨닫게 되었다. 동시에 세계사를 관통하는 거대한 강줄기도 함께 발견하였다.

거기서 얻어낸 결론은 우리나라의 부동산은 작은 시냇물, 세계적인 주식의 동향은 거대한 강물의 흐름이었다. 그 강이 범람하면 시냇물은 아무리 둑을 잘 쌓아도 한 번에 무너지고 만다. 왜냐하면 세계는 긴밀하게 연결되어 있으며 돈의 규모와 단위가 엄청나기 때문이다. 위에서 말했듯이 임대사업자는 또 다른 월급쟁이에 불과하고, 부자가 되는 3가지 방법 중 한 가지를 평생 실천해야 부자가 될 수 있다. 그중 주식에 길이 있다는 사실을 처음 알게 된 계기였다. 주식의 흐름을 잠시 살펴보자.

제1차 산업혁명

제1차 산업혁명의 시기이다.

제1차 산업혁명은 증기기관을 통한 방직기, 방적기 혁명이다. 특히 방적기는 인류사에 있어서 커다란 혁명적 사건이었다.

왜 산업혁명이 방직기, 방적기 혁명일까? 지금은 이해할 수 없겠지만 인류는 18세기 중반까지만 해도 겨울에 얼어 죽는 사람들이 꽤나 많았다. 여름에나 입어야 할 얇은 옷을 겨울에도 입었기 때문이다.

그래서 나온 법칙이 세이의 법칙으로 "공급은 수요를 스스로 창출한다"였다. 다른 말로 바꾸면 "만들면 만드는 대로 팔린다"는 뜻이기도 하다. 그만큼 수요에 비해 공급이 부족한 시대였다. 오죽하면 이런 이론이 나왔겠는가.

당시 공급이 부족한 이유는, 물레를 돌려서는 하루에 옷 한 벌 만들기도 어려웠기 때문이다. 그러나 방적기가 세상에 나오면서 세이의 법칙은 여지없이 깨지게 된다. 방적기는 옷을 원하는 사람보다 훨씬 더 많은 옷감을 공급하기 시작했다. 그로부터 공급자 중심에서 소비자 중심으로 패러다임이 전환된다. 옷이 남아도니 그 다음부터는 소비자에게 맞는 옷을 공급해야 하는 시대가 열린 것이다. 산업혁명이 일어난 곳은 영국이다. 영국은 해가 지지 않을 정도로 지구 여러 곳에 방대한 식민지를 건설했기에 식민지에 배를 띄워 어마어마한 양의 옷을 팔게 된다.

그런데 그 시절 유럽은 어떻게 중국과 교역을 했을까? 유럽은 금본위제였다. 금본위제란 금을 기반으로 해서 화폐를 만드는 구조다. 반면 중국은 은본위제였다. 은행銀行이라는 말이 여기에서 나왔다.

유럽과 중국의 금은 교환비율에는 차이가 있었다. 유럽은 금을 더 쳐줬고 중국은 은을 더 쳐줬다. 그래서 유럽에서는 금이 귀하니 금과

은의 교환비율을 1:13으로 했고 중국은 은이 귀하니 1:8로 하였다.

당신이라면 어떻게 하겠는가? 당연히 유럽에서 1kg의 금을 가지고 은 13kg으로 바꿔다가 중국으로 가면 금 1.625kg이 생긴다. 그리고 다시 은을 가지고 유럽으로 가서 금으로 바꾸고 다시 중국으로 가져와 은으로 바꾸면 된다.

이렇게 쉬운 사업모델이 어디 있나? 중개무역을 하지 않을 이유가 없다. 이때 중개무역으로 돈을 번 사람들은 유대인들이었다. 중동 지역은 유럽과 중국 사이에 위치해 있다. 유럽과 중국이 교역을 하려면 이 지역을 통과해야 하는데, 유럽인들은 종교적 영향 때문에 이 일을 유대인들에게 넘겼다.

이 당시 유럽은 막대한 양의 은을 수입하고 있었다. 스페인이 아메리카 대륙을 발견했고 포토맥 은광에서 수십만 톤의 은이 유럽으로 들어왔다. 그런 은이 중국과의 무역적자로 대거 중국으로 들어가게 된다. 이 시기에 영국에서 산업혁명이 일어나 방직기가 옷감을 만들게 되었던 것이다.

그런데 문제가 있었다. 중국에는 방직기로 제조한 옷감을 팔 수 없었다. 영국의 상류층에는 차를 마시는 습관이 널리 퍼져 있었다. 그래서 중국에서 차를 비롯한 도자기, 비단 등을 수입해야 했는데 중국은 영국의 모직물을 사지 않았다. 중국인들은 영국의 모직물은 양털로 만들어 오랑캐들이나 입는 옷이라 폄하하였다. 아쉬운 영국인들은 할 수 없이 중국의 화폐 근원이 되는 은을 주고 중국의 물품을 수입할 수밖에 없었다.

이에 영국의 상인들은 무역적자의 타개책으로 인도에다 모직물을 팔고 무역대금으로 아편을 중국에 팔아 그 돈으로 도자기, 차, 비단을 사는 전략을 택하게 된다. 그 여파로 영국과 중국 사이에 아편전쟁이 발발하고, 패전한 중국은 굴욕적인 난징조약을 맺게 된다.

한편 인도의 가내수공업은 영국의 산업혁명으로 인해 고사 상태에 빠졌다. 간디는 우리의 물산장려운동과 같은 국산품 애용 운동을 펼쳤고, 물레를 돌리는 간디의 사진은 그의 상징이 되었다. 그러나 간디의 바람과는 달리 대부분의 인도인들은 항구에 영국배가 들어오면 줄을 서서 영국의 옷감을 샀다고 한다.

영국인들이 인도인들에게 강제로 옷감을 팔았을까? 아니다. 자발적이었다. 왜냐하면 인도에서 가내수공업으로 만든 옷감과 방적기로 만든 옷감 차이가 거의 없었기 때문이다.

한번 생각해보자. 남편이 300만 원을 벌어온다. 그런데 고기를 먹고 싶다. 수입산 쇠고기는 1만 원이다. 한우는 10만 원이다. 그런데 눈 감고 먹으니 맛이 비슷하다. 그런데 애국심 때문에 굳이 한우를 먹어야 되나? 인도인들이 영국산 모직물을 구입한 이유도 이와 같다.

방적기가 발명되었을 무렵 방적기를 바라보는 다른 시선이 있었다. 바로 영국의 지주들이었다. 엄청난 양의 옷감이 세상에 나왔고 날개 돋친 듯 팔려나가는 광경을 보며 그들은 방적기의 본질에 대해 살펴보기 시작하였다.

'옷이 필요한 사람들이 생각보다 많네? 그런데 방적기를 우리가 지금 뛰어들어 만들 수는 없고 끼워주지도 않을 거다. 그렇다고 기계를 이제부터 개발해? 그건 못하지. 그럼 저걸 통해 돈을 벌어보고는 싶은데…. 방적기가 혼자 돌아가나? 아니지 양모¥毛: 양털가 필요하지. 양털은 어디서 나오지? 양에서 나오지. 그럼 양을 기르면 돈을 벌겠군. 양은 어디서 나오지? 목장에서 나오지. 그럼 우리 땅에서 뭘 하고 있지? 그렇지 감자를 심고 있지. 그럼 감자 밭을 갈아엎고 양을 기르는 목장을 하자. 이 거대한 흐름에 숟가락 하나 얹어 놓을 수 있을 거야!'

이에 지주들은 너도 나도 감자 밭을 갈아엎고 양을 길러 공장에 양털을 납품하였다.

위의 사건을 두고 우리가 유심히 살펴봐야 할 짐은 '산업혁명으로 누가 돈을 벌었는가?'이다. 전혀 예상치도 못했던 양모업자들이 떼돈을 벌었다. 방직기, 방적기 업자가 아니고 말이다.

양모업자는 독점이었고 방직기 업자는 독점이 아니었기 때문이다. 당시 영국에서는 양모는 국내산만 쓰도록 독점권을 제공했다. 그러니 수입해서 양모를 쓸 수 없었던 방직기 업자는 양모업자의 가격인상에 동의할 수밖에 없었고 식민지에서 벌어들인 수입은 거의 대부분 양모업자의 이익으로 환산되었다. 즉 겉으로 보이는 경쟁이 돈을 번 것이 아니고 보이지 않는 독점이 돈을 벌었다는 사실이다. 이와 같은 패턴은 산업혁명이 일어날 때마다 반복된다.

제2차 산업혁명

제2차 산업혁명은 전기동력을 통한 대량생산체제이다.

포드의 자동차 모델 T는 컨베이어시스템과 대량생산으로 가격을 내릴 수 있었고 날개 돋친 듯 팔려나갔다. 포드는 자동차를 팔려면 수요가 있어야 된다고 보았고 직원들의 급여를 한 달에 1달러에서 5달러로 파격 인상했다. 그리고 컨베이어벨트시스템으로 대량생산이 가능해지자 가격은 3000달러에서 300달러 수준으로 떨어졌다. 모델도 T 하나로 단일화했다. 소품종 다량 생산체제의 시작이었다.

이때도 1차 산업혁명 시기의 영국 지주계급들처럼 산업혁명의 이면을 본 사람이 있었다. 바로 석유왕 록펠러였다. 록펠러는 내연기관 자동차가 나오기 전인 1860년대부터 석유사업을 시작했다. 일찍이 그는 '석유는 고수익을 올릴 수 있는 사업성 높은 사업'이라 생각했다. 1862년 2월 2일, 록펠러는 동업자 앤드루스와 손을 잡고 경매로 낙찰 받아 클리블랜드 최대의 정유소를 소유하게 된다.

한동안 석유는 등불을 밝히는 고래기름의 대체재로 사용되었다. 그러던 중 포드가 자동차를 개발하자 석유의 대중화 시대가 열렸다. 아마도 록펠러는 다음과 같이 생각했을 것이다.

'자동차라는 물건, 돈이 될 것 같군. 자동차를 만들어볼까? 아니지, 자동차는 내가 만들 수 없지. 모델 T처럼 대량생산을 할 수도 없어. 그런데 가만 있자. 자동차는 혼자 굴러가나? 아니지! 무엇으로 굴러가지? 석유지. 석유는 그럼 어디서 넣지? 어? 그러고 보니 석유충전소가

없네. 석유사업을 하면 돈 좀 벌겠는데?'

그는 그 이후 자신의 회사 '스탠더드 오일'을 통해 석유사업을 독점했고 자동차가 팔리기 시작하자 석유의 판매량도 급증하여 어마어마한 돈을 벌기 시작하였다. 록펠러는 미국 석유시장의 98%를 점유했고 그 한 사람 때문에 생긴 법이 셔먼법반독점법이었다.

다시 한 번 살펴보자. 1차와 2차 산업혁명에서 어떤 사람들이 돈을 벌었는가? 산업혁명을 이끈 방직기 업자나 자동차 회사였는가? 물론 그들도 돈을 벌었다. 하지만 진정한 수혜자는 그들이 아니라 그들의 뒤에서 양모를 공급하던 지주와 석유왕 록펠러였다.

이 둘의 차이는 무엇인가?

방직기 업자와 자동차 회사는 완전경쟁시장에서 싸워야 하지만, 양모업자인 지주와 석유왕 록펠러는 독점기업이다. 자본주의의 기본은 경쟁이다. 자유경쟁을 통해 혁신이 일어나고 그 혁신을 통해 좀 더 싸게 물건을 얻을 수 있다. 이것이 기본 논리다. 그러나 현실은 이와 다르다. 돈을 버는 주체는 완전자유경쟁이 아니라 독점이다.

동네 미용실은 완전자유경쟁으로 망하지만, 독점적 지위에 있는 통신사, 전력공급회사, 가스공사 등은 지속적으로 막대한 이익을 거둔다.

제3차 산업혁명

제3차 산업혁명은 컴퓨터 제어를 통한 자동화 혁명이다.

그중 핵심은 개인용PC와 인터넷이다. 1981년 IBM은 개인용PC를 개발했고, 그에 맞는 OSoprerating System: 운영체제를 빌 게이츠마이크로소프트에게 부탁한다. 빌 게이츠는 5만 달러에 Q-DOS를 산 후 약간의 버그수정을 거쳐 MS-DOS를 만들고, 이를 IBM에 납품하여 대히트를 치게 된다.

PC혁명의 시대에 나온 IBM PC가 혼자 굴러가지 않는다는 사실을 안 빌 게이츠는 그 안에서 구동되는 윈도우를 개발하여 세계적인 거부가 되었다. 그렇게 하여 PC시대의 강자는 산업혁명을 이끈 IBM이 아닌 마이크로소프트가 차지했다.

PC시대에 PC를 만들던 HP, DELL, IBM, 삼성 등은 치열한 출혈경쟁 탓에 이익이 그리 크지 않았다. 반면 PC의 플랫폼을 독점한 MS의 빌 게이츠는 운영체제인 Windows를 통해 세계적인 부호가 되었다. PC회사들이 저가경쟁을 펼치며 대량으로 PC를 공급하였고, 이는 고스란히 어느 PC에나 필요한 Windows를 제공하는 MS의 이익이 되었다. 빌 게이츠도 록펠러와 마찬가지로 산업혁명의 이면에 투자하였고, 독점적인 지위를 이용해 엄청난 부를 축적할 수 있었다.

여기서도 우리가 봐야 할 팩트가 있다. 누가 '돈'을 벌었는가이다. 컴퓨터를 만들던 기업이 돈을 벌었다고 생각할 것이다. 그러나 컴퓨터를 만들던 IBM, HP, DELL, 삼성, 삼보 등은 돈을 벌지 못했다. 정작 돈을 번 기업은 컴퓨터가 많이 팔리면 팔릴수록 이득이었던 Windows를 만들던 MS이다. 그 외에도 컴퓨터의 핵심소재인 CPU를 만들던 인텔, 그래픽카드의 엔비디아와 같은 기업들이다. 컴퓨터를 조립하던 기업이 아니고 컴퓨터를 만들면 꼭 필요한 OS, 소재기업들이 돈을 벌었다.

다음으로 스마트폰 시대가 온다. 스마트폰은 폰과 컴퓨터의 결합이다. 스티브 잡스가 만든 혁신적인 제품이다. 스마트폰으로 세상이 바뀌었다. 생각지도 못한 기업들이 망하고 생각지도 못한 기업이 흥하였다. 엉뚱하게도 무가지 신문을 만들던 기업이 망했다. 지하철에서 신문이 아닌 스마트폰을 보는 세상으로 바뀌었기 때문이다. 그리고 스마트 앱으로 음식배달을 시키니 상가수첩을 만들던 사람들이 어려워지고 신산업인 배달앱 산업이 유망업종으로 떠올랐다. 그렇다면 여기서도 누가 돈을 벌었는가? 스마트폰을 만드는 기업은 점점 더 저가의 출혈경쟁으로 넘어가서 돈을 벌지 못하고 스마트폰의 OS를 만드는 구글은 스마트폰이 팔리면 팔릴수록 더 이득을 누렸다. 여기서도 승자는 OS 그리고 소재기업들이다.

누가, 무엇이 4차 산업혁명으로
세상을 바꿀 것인가?

1차, 2차, 3차 산업혁명을 이끈 기업들을 살펴보았다. 가히 세상을 바꾼 혁명이었고, 그 과정에서 본질과 이면을 파악한 기업은 성공을, 그렇지 못한 기업은 망하고 말았다. 그리고 세상을 바꿀 혁명은 지금도 진행 중이다. 무엇이 세상을 또다시 바꿀 것인가? 세상을 바꿀 주체가 누구이며, 무엇일지 왜 알아야 하는가? 그 이유는 우리가 지금 제4차 산업혁명의 목전에 와 있기 때문이다.

4차 산업혁명을 누가, 무엇이 이끌며, 그 이면에 무엇이 있는지 살펴보자.

먼저 사물인터넷Internet of Things, 약어로 IoT이란 세상의 모든 사물을 연결하는 개념으로 우리가 인식하지 못하는 사이 바뀌어버린 세상을 증명한다. 이와 관련된 신호는 이미 충분히 존재했었다. 신문과 방송에서, 유튜브에서 볼 수 있었고, 주변에서도 목격할 수 있었다. 우리가 무심코 스쳐지나갔을 뿐이다. 이제라도 그것이 의미하는 바를 이해해

보자.

음성혁명

첫째 음성혁명이다.

스마트폰을 가지고 있다면 해외에 나가 말이 안 통해 곤란할 일이 없다. 구글번역기 때문이다. 플레이스토어에서 '구글번역기'라고 치면 언제든지 다운로드가 가능하다. 세계의 거의 모든 언어를 번역해준다. 영어나 인도어, 일본어, 중국어를 하나도 몰라도 이 번역기 하나면 해외여행에 전혀 불편함이 없다. 통번역이 필요 없는 시대가 바로 눈앞에 다가와 있는 것이다. 동시통역사, 영어교사, 외국어교사, 대학 등 외국어로 밥 먹고 사는 사람과 단체는 밥그릇이 사라지는 시대가 올 것이다.

핵심은 사람과 기계 사이에 대화가 가능해졌다는 사실이다. 그렇다면 이 음성혁명이 의미하는 바가 무엇인가? 사람들은 통번역가의 직업만 없앤다고 생각한다. 그러나 이 음성혁명은 플랫폼 기업을 없앨 것이고 앱을 만드는 기업을 없앨 것이다. 그러니 음성혁명 기업인 AI기업만 남을 것이다.

그렇다면 플랫폼 기업이란 무엇인가? 네이버와 같은 포탈기업이 될 것이다. 그리고 배달앱을 서비스하는 앱기업이 없어질 것이고 11번가, 옥션과 같은 온라인 유통기업이 없어질 것이다. 그리고 제조업계는 AI기업의 처분에 목을 매는 경우가 될 것이다.

왜 그런가? 음성혁명의 특성이 무엇인가? 누구나 쓸 수 있는 물건이다. 예를 들어 컴퓨터는 컴퓨터 자판을 칠 수 있는 사람만이 이용할 수 있다. 그러나 음성으로 컴퓨터나 스마트폰을 제어할 수 있다면 어린아이, 시각장애인, 컴퓨터가 익숙지 않은 노인에 이르기까지 말을 할 수 있는 모든 사람으로 대상이 확대된다. 그러니 특정 AI기업의 시장점유율이 높아진다면 그 AI기업의 제품을 쓸 것이고 그 기업에서 만든 모든 앱을 쓸 가능성이 높다. 물론 그때는 앱이라는 것도 없어질 것이다.

예를 들어 점심시간이 되어 맛집을 찾는다고 가정해 보자. 맛집을 검색하는데 AI가 검색을 음성으로 해줄 것이다. 그리고 맛집을 간다. 그런데 다른 기업의 네비게이션을 실행시킬까? 아니다. 그 AI기업의 네비게이션을 실행시킬 것이다. 그리고 그 기업의 자율주행차를 타고 가고, 그 기업에 등록되어 있는 카드로 결제를 한다. 그러니 음성비서에 밀려 텍스트 기반의 포탈은 없어질지도 모른다. 다음으로 음식을 시켜먹는다면 배달앱이 필요할까? 배달앱을 켜고 내 위치, 내가 먹고자 하는 음식을 고르고 하는 일들을 음성비서가 전부 해준다. 그리고 그 음성비서는 내가 무엇을 좋아하는지 모두 알고 있다. 그러니 "피자를 시켜줘"라고 할 때 내가 좋아하는 가까운 곳의 피자를 알아서 시켜줄 것이다.

그렇다면 왜 제조업체는 AI기업의 처분에 목을 맬까? 피자를 시킬 때 "어떤 것을 시킬까요?"라고 음성비서가 물어봤다고 하자. 그런데 답으로 "아무거나"라고 했다면 어떤 피자를 시킬까? 내가 피자의 특정 브랜드를 지목하지 않았다. 그렇다면 AI는 그런 상황에 대비해 자신의 기업에 광고를 많이 집행하는 기업의 피자를 시키지 않을까? 그 비율이 30% 정도라면 어떨까? AI에 광고를 하지 않고는 사업영위가 힘들어질 수 있다. 음성으로 컴퓨터와 대화한다는 것은 이처럼 엄청난 혁명이다.

자율주행자동차

둘째 소위 무인자동차로 불리는 자율주행자동차이다.

자율주행자동차는 전기차로 불리기도 하지만 전기차, 수소차, 하이브리드카 등은 연료를 무엇으로 쓰느냐에 따라 구분될 뿐 자율주행자동차는 아니다. 다만 자율주행자동차는 기존의 석유가 아닌 다른 에너지를 동력으로 사용한다.

최근 열린 CES국제전자제품박람회: The International Consumer Electronics Show 에는 가전전시회인데도 자동차회사들이 대거 참가했다. 벤츠의 자율주행자동차는 운행 중 운전석이 뒷좌석을 마주볼 수 있다. 자동차 안의 모든 시스템은 터치스크린 방식이다. 운전을 자동차에 온전히 맡기고 자신의 업무를 볼 수 있다.

벤츠는 100만Km 무사고를 기록 중이다. 포드는 아예 운전대, 악셀레이터, 브레이크, 사이드미러도 없는 완벽한 모양의 자율주행차를 2020년까지 개발하겠다고 공언했고, 우버는 트럭은 물론 볼보와 함께 자율주행택시를 현장에 투입했다. 우버택시 운전사는 세계적으로 150만 명, 트럭운전사는 미국 내에서만 200만 명이라고 한다. 그러니 조만간 수많은 직업이 없어질 것이다. 게다가 수년간 몇 백만Km 무사고를 기록하고 있으며, 소규모 사고가 있었지만 구글이 가해자인 경우는 거의 없었다고 한다. 테슬라는 아예 에너지 무료를 선언한다. 게다가 테슬라의 전기차는 엔진이 없다.

사실 자동차 업계는 IT보다 부침이 심하지 않은 미들사이클 순환직종이다. IT는 기술의 혁신이 빨라 후발자가 선발자를 따라잡을 기회가 많아 숏사이클의 대표적인 업종이다. 반면 자동차 산업은 엔진이라는 진입장벽 때문에 후발업체들이 선발업체를 따라잡는 데 더 많은 비용과 노력이 필요하다. 그런데 엔진이 사라지면서 진입장벽도 없어지는 것이다. 자동차 회사들이 100년간 쌓아올린 기술이 이제는 필요 없는 시대로 접어들고 있다. 2000년대 초반 아날로그 기술의 강자인 일본 전자업체는 디지털 기술을 이루었고, 이내 디지털 기술을 적극적으로 받아들인 한국에 따라잡혔다. 이제는 전기차가 자동차 산업의 판을 뒤엎는 변화를 시작한 것이다.

한국 굴지의 자동차 업체들이 이 변화의 흐름을 따라잡지 못한다면, 공룡기업이었던 노키아나 코닥처럼 순식간에 사리질지도 모른다. BMW나 벤츠도 예외는 아니다. 테슬라는 슈퍼차지로케이션이라 불리는 주전소를 세워 태양광으로 에너지를 저장한 후 평생 무료로 자동차를 태워줄 것이라고 한다. 공짜 자동차를 예견한 것이다. 수익은 자동차 내에 설치한 스크린 광고에서 나온다. 테슬라가 계획하고 있는 주전소는 주유소보다 경제적이다. 땅 밑에 기름탱크를 파 넣을 필요가 없기 때문에 짓기도 쉽고 비용도 저렴하다.

자율주행자동차로 인해 보험회사, 대리운전기사, 교통경찰, 집배원, 주차장관리인, 운전학원 등이 없어질 것이다. 각국의 정부살림에도 부정적인 변화가 온다. 세금에서 차지하는 비중이 높은 유류세가 없어질 예정이기 때문이다. 가장 큰 타격이 예상되는 곳은 석유회사와 산유국이다.

반면 배터리와 태양광패널을 만드는 회사들은 석유회사가 누렸던 기득권을 누릴 것이며, 없어서는 안 될 기업으로 우뚝 설 것이다. 그중에서도 배터리를 만드는 회사는 핵심으로 자리 잡을 것이다. 태양광패널은 수소, 가스, 석유 등 대체 가능 에너지가 많은 데 반해 배터리는 대체가 불가능하기 때문이다. 대체가 불가능하다는 말은 양모업자나 석유업체, MS의 Windows와 같은 독점적 지위를 유지할 수 있다는 의미도 된다. 투자관점에서 유심히 지켜봐야 할 대목이다.

전기자동차에서 가장 중요한 2가지 공정은 ①배터리와 자율주행에 필요한 ②AI인공지능가 될 것이다. 이 2가지가 중요한 이유는, 모두가 방적기에 집중할 때 미래를 꿰뚫어보는 심미안을 가진 사람들은 방적기에 들어가는 양모에 집중하고, 목장 운영을 준비하기 때문이다.

대부분의 사람들은 전기자동차를 비롯한 자율주행자동차에 주목한다. 그와 달리 배터리회사에 집중하면 어떠한 시장을 보게 될까?

투자에 성공하기 위해서는 핵심가치를 추려내는 힘이 필요하다. 배터리회사가 아니라면 지도회사에 집중할 수도 있다. 왜냐하면 자율주행자동차는 지도가 없으면 움직일 수 없기 때문이다. 여기서 더 나아가 비록 자율주행자동차가 위성 GPS로 신호를 받아 움직이지만 GPS 기술은 오차범위가 5m 정도 되기 때문에 자율주행자동차에 핵심 데이터로 쓰기에는 모자란 면이 있다. 그래서 고성능카메라, 라이다와 같은 센싱기술 등이 필요한데, 가장 중요한 것은 도로정보가 정확해야 한다.

구글은 카메라가 받아들인 이미지를 AI인공지능컴퓨터로 분석해서 차선이 지워져 보이지 않거나 기상조건이 최악일 경우에도 자율주행을 할 수 있는 기술을 개발하고 있다. 이 기술을 개발하기 위해 구글은 웨이즈Waze라는 벤처기업을 1조 원 정도에 인수했다. 웨이즈는 교통정보를 알려주는 앱을 만든 회사이다. 이 앱은 경찰이 어디 있는지, 어디에서 사고가 났는지 등을 실시간으로 알려준다. 거기에 슈퍼컴퓨터가 이런 데이터를 분석해서 막히지 않는 도로를 찾아주는 기능도 추가할 것이다.

현재 구글은 무인자동차 서비스 관련 기업을 꾸준히 사들이고 있으며, 지도 연계 연구와 M&A를 통해 우버와 같은 공유차 서비스도 염두에 두고 있다고 한다.

빅데이터

셋째 빅데이터이다.

현재의 애플워치, 삼성의 갤럭시 기어뿐 아니라 운동화, 기저귀, 체중계, 가구, 세탁기, 냉장고 등 이 세상의 모든 사물이 인터넷에 연결되는 시대가 온다. 결코 먼 미래의 이야기가 아니다. 세상의 모든 것이 연결되는 세상은 바로 눈앞에 와 있다.

지금은 개인당 2개 정도가 연결되어 있다고 한다. 노트북과 스마트폰이다. 그러나 2030년에는 1인당 200개 정도의 사물이 연결된다고 한다. 지구촌 70억 인구와 곱하기를 해보면 현재의 140억 개의 사물보다 훨씬 늘어난 1조4천억 개의 사물이 연결되는 것이다.

이것이 의미하는 바는 무엇일까?

개인이 200명의 하인을 거느렸던 중세시대의 왕과 같은 삶이 가능해진다. 문이 저절로 열리고, 밥이 스스로 되어 있고, 설거지는 기계가 다 해주고, 청소는 로봇이 해주는 삶. 무엇이든 사물이 궁녀의 역할을 하면서 모든 것이 다 되는 세상이 열리는 것이다.

그러면 사물인터넷이 진정으로 의미하는 바는 무엇일까?

그들이 진정으로 원하는 것은 인간의 욕망이다. 그 욕망은 사람의 데이터로 나타난다. 구글이 원하는 데이터는 사람의 욕망을 저장한 데이터다. 인간의 욕망은 인간의 행동이다. 인간의 행동은 거짓말을 하지 않는다. 그러니 인간의 행동패턴만 알면 기업은 쉽게 돈을 벌 수 있다.

인간에게는 욕구와 욕망이 있다. 욕구는 물질적인 면, 욕망은 정신적인 면으로 분류한다. 그럼 물질적인 욕구는 어떤 형태로 나타나는가? 욕구는 사치품과 필수품으로 나뉜다. 필수품은 우리가 생활하는데 필요한 음식료품, 집, 자동차, 가전제품 등이다. 사치품은 무엇인가? 필수품이기도 하나, 내 생활수준보다 더 많은 돈을 써야 하는 소비품목이다. 예를 들면 자동차 중에서 내 생활수준이나 빚을 덜 지고 살수 있는 자동차는 소형차인데 이왕이면 최소 그랜저급 이상은 타고다녀야 한다는 것이 사치품이다. 필수품이나 사치품 모두 물질적인 욕구이다. 그럼 욕구와 욕망이란 무엇인가?

첫째, 필수적 욕구만 있는 삶이다. 현대사회의 사람들은 어떻게 살아가는가? 미국의 중산층을 살펴봤다. 일이 끝나면 픽업트럭을 타고대형마트에 가서 일한 것에 대한 보상인양 엄청난 양의 쇼핑을 한다. 그리고 트럭을 몰고 집으로 와서 TV를 켜고 미식축구를 보면서 맥주와 치킨, 팝콘을 먹으며 소파에서 잠이 든다. 다음날도 똑같은 날이반복된다.

이런 삶은 욕구만 있고 욕망은 없는 삶이다. 동물의 삶과 크게 다르지 않다. 욕구는 충족이 되는 것이고 욕망은 충족할 수 없는 것이다. 그래서 이 사람들은 배부른 돼지마냥 욕구의 충족만으로 하루하루를살아간다. 일하고 쇼핑하고 먹고 마시고 배부르고 잠들고 또 일어나서 일하고 쇼핑하고 먹고 마시고 배부르고 잠들고의 반복이다.

둘째, 사치적 욕구만 있는 삶이다.

여기서 사치품의 기준은 과시적 소비를 하는 슈퍼리치의 과시적 소비로 인한 물질이 아니다. 예를 들어 슈퍼리치는 2억짜리 시계건 5억짜리 슈퍼카건 문제가 아니다. 다른 사람과의 위화감이 문제지 그의 소비는 재산에 비해 문제가 되지 않는다. 이런 소비를 과시적 소비라고 한다.

그러나 중산층이라면 이야기가 달라진다. 연봉 1억인 사람이 2억짜리 시계를 사거나, 연봉 5천인 사람이 5천만 원짜리 차를 산다면 사치다. 그래서 중산층의 소비 중 슈퍼리치를 따라하는 흉내 내기 소비는 문제가 된다. 왜냐하면 번 돈보다 쓰는 돈이 많아지기 때문이다. 이들은 적지 않은 돈을 버는데도 지갑은 항상 텅텅 비어 있다. 바쁘게 사는데도 왜 내가 이렇게까지 바쁘게 사는지 이유를 모르고 있다. 카드값은 항상 넘쳐나고, 월급은 잠깐 내 통장에 머물렀다가 이내 모두 증발돼 버린다.

그럼에도 불구하고 당사자는 자신에게 왜 이런 일이 일어나는지 깨닫지 못한다. 번 돈보다 쓰는 돈이 많다는 간단한 사실 때문인데도, 슈퍼리치의 삶을 동경하며 과시적 소비를 모방하느라 현실을 직시할 수 없다. 오로지 사치적 욕구를 추구하는 삶이다. 이들은 앞서 설명한 필수적 욕구만 있는 삶보다 더 고달프다. 머지않아 빚 독촉에 시달릴 것이기 때문이다.

셋째, 화폐적 욕망만 있는 삶이다.

욕망이란 정신적인 것으로 욕구와 달리 충족되지 않는다. 갈구하면 할수록 채워지지는 않고 갈증만 더해진다. 지식에 대한 욕망이 있는 사람은 끊임없이 지식을 탐한다. 책을 읽고 또 읽어도 또 책을 산더미같이 사고 도서관에서 끊임없이 읽는다. 읽는다고 충족되는 것이 아니다. 그래서 지식에 대한 욕망은 끊임없이 추구해도 끝이 없다. 아름다움에 대한 욕망은 아름다움을 탐한다. 화가는 아름다움에 대한 끝없는 욕망을 추구한다. 그 욕망을 채울 수 있을까? 아니다. 죽을 때까지 그리고 만들어도 아름다움에 대한 욕망은 채워지지 않는다.

정신적인 욕망은 '열정'이라는 단어로 포장이 가능하지만 모두 그런 것은 아니다. 정신적인 욕망 중 가장 무섭고 경계해야 할 욕망이 바로 화폐에 대한 욕망이다. 왜냐하면 화폐에 대한 욕망은 목적이 아니고 수단이기 때문이다. 왜 화폐가 정신적인 것인가? 화폐의 의미는 화폐 자체에 있지 않다. 화폐는 미래 좋은 삶에 대한 교환가치 때문에 의미가 있다. 예를 들어 화폐가 많다면, 배가 고플 때 빵을 사 먹을 수 있고, 피로가 쌓이면 고급 호텔에서 피로를 풀 수 있고, 평소 염원하던 비싼 오페라를 볼 수 있는 도구가 된다. 그것이 화폐의 기능이다.

돈을 버는 이유는 무엇인가? 내가 추구하는 삶을 살기 위함이다. 그런데 그 목적과 수단이 바뀌어 화폐 추구가 목적이 되고 삶은 피폐해져 간다. 끝없이 화폐를 추구할 뿐 쓰는 즐거움과 행복을 누리지 못하다 죽는다.

기업은 인간의 욕구와 욕망을 알고 싶어 한다. 왜냐하면 인간의 욕구를 알아야만 물건을 팔 수 있기 때문이다. 그러니 욕구를 억제하여 욕구와 욕망을 자극하는 기업의 주식을 사야 한다.

빅데이터는 사람의 소비습관과 일치한다. 즉 인간의 행동을 모아 놓은 것이 빅데이터이다. 사람의 소비습관을 측정하는 장치는 빅데이터뿐일까? 그렇다. 현재로써는 빅데이터가 유일한 대안이다. 그렇다면 이러한 공식이 나온다.

빅데이터 = 인간의 욕망 = 인간의 행동 = 인간의 소비습관

구글은 이러한 속성을 금방 알았다. 구글은 인터넷에 2008년도에 감기예방서비스를 런칭했다. 이 서비스는 지도를 통해 작동하는데, 구글에서 감기 관련 약이나 텍스트를 집중적으로 찾으면 이 지역은 감기가 확산하고 있는 지역이라는 예상이 가능하다. 그래서 미국 질병예방센터CDC보다 2주 정도 빠르게 예측할 수 있다고 한다.

구글은 인간의 욕망을 알아내는 것이 돈과 직결된다는 사실을 이미 알고 있었다. 인간의 욕망만 측정하면 인간의 가장 중요한 요소 그리고 기업이 가장 원하는 요소인 소비욕구를 자극할 수 있다는 것이다.

빅데이터로 인간의 욕망을 측정한 사례를 하나 더 살펴보자.

얼마 전 편의점에서 젊은 여성들을 대상으로 빅사이즈 요쿠르트 배

틀이 있었다. CU편의점의 매출을 빅데이터로 분석해본 결과 요쿠르트를 사는 사람은 어린아이를 키우는 아이엄마가 아니라 20, 30대 미혼여성이었다. 그들은 요쿠르트가 작으니 한 번에 여러 개를 사갔다고 한다. 빅데이터 분석팀에서는 다음과 같은 해석을 내놓았다.

'미혼여성이 작은 요쿠르트 여러 개를 사는 이유는 큰 사이즈의 요쿠르트가 필요하기 때문이다.'

그래서 빅데이터 분석팀에서 요쿠르트를 만드는 회사에 건의했다고 한다. 빅사이즈 요쿠르트를 만들라고 말이다. 처음에는 요쿠르트를 만드는 회사에서 거절했는데 거듭 건의를 하니 한번 만들어 봤다. 결과는 예상대로다. 대박을 쳤다. 이러니 기업이 빅데이터에 목을 매지 않겠는가?

구글과 같은 회사가 사물인터넷 시대를 맞아 인간의 욕망을 다양하게 측정할 수 있는 이 기회를 놓칠 리가 없다. 운동화에 센서를 달면 운동량을 측정할 수 있으며, 어디를 걸었는지까지 알 수 있다. 그래서 운동화를 만드는 회사는 자신들의 제품을 사용하면 운동효과를 알 수 있다고 홍보할 것이다. 그러나 그 데이터가 그렇게만 쓰일까? 만약 운동화 회사가 그 데이터를 보험회사에 팔았다면 어떨까? 이 신발을 신고 일주일에 5일은 술집을, 이틀에 한 번 꼴로 클럽을 배회했다는 데이터가 나오면 보험회사는 이 사람의 보험료를 올릴 것이다. 잠재적으로 병에 걸릴 확률이 높은 사람이기 때문이다. 반대로 운동을 열심히 하고 술집 근처에도 가지 않는다면 보험료를 내려줄 수도 있다.

여기서 조금 더 나아가 보자. 술꾼의 보험료를 올리자 화가 난 술꾼은 보험을 해지하고 다른 보험회사로 옮긴다. 언뜻 손실로 보인다. 그런데 데이터를 활용하지 않는, 즉 술꾼이 옮긴 보험회사에는 술꾼들이 계속 몰려든다. 술꾼이 나간 보험회사에는 건강한 고객만 남는다. 상대적으로 우량한 사람들만 남으니 보험료를 인하하여 떠났던 사람보다 더 많은 사람들이 가입하게 될 것이다. 결국 누가 이익이겠는가? 실제로 미국의 프로그레시브라는 보험회사는 자사에 가입한 사람들의 차량에 블랙박스를 달고 이러한 방식으로 데이터를 분석하여 순식간에 미국보험업계 영업이익률 2위로 뛰어올랐다.

앞으로의 사물인터넷은 빅데이터를 쉽고 정확하게 수집하는 역할을 할 것이다. PC인터넷 기반에서는 텍스트 정도로 빅데이터를 수집했지만 앞으로는 인간의 모든 사물이 빅데이터를 수집하는 도구가 될 것이다. 그리고 그 사물인터넷의 빅데이터를 지배하는 자가 사물인터넷의 미래를 지배하는 자가 될 것이다.

생태계 구축

카카오톡은 플랫폼을 이용해 카카오택시, 김기사대리운전 등 모바일뿐 아니라 오프라인에서도 영역을 넓히고 있다. 그들의 목표는 아마도 배달앱을 비롯한 거의 모든 온오프라인을 연동하는 앱을 구축하는 것으로 보인다. 플랫폼으로 생태계를 구축하고 있는 곳이 바로 카카오톡이다. 그 이후 배달앱까지 사업영역을 확대하고 있다. 카카오톡이 이렇게 시장을 넓힐 수 있는 이유는 무엇인가? 우리나라 사람들 대부분이 카카오톡이라는 SNS를 쓰기 때문이다. 카카오톡은 자신들이 가지고 있는 생태계를 통해 사업을 더욱 확장해갈 것이다. 카카오뱅크를 비롯한 여러 사업말이다.

생태계 구축은 스티브 잡스가 생각하고 구현한 모델이다. 아이팟을 런칭하기 전에 아이튠즈를 만들어서 음악의 공급자, 소비자가 모두 한 곳에서 놀 수 있도록 생태계를 구축했다. 아이폰을 런칭할 때는 앱 스토어를 만들었다.

스티브 잡스가 아직 살아 있다면, 그가 마무리하지 못한 아이티비를 완성했을 것이고, 애플티비가 만들어졌다면 삼성과 LG의 가전사업부는 심각한 타격을 입었거나 아예 사라져버렸을 수도 있다. 다행히 잡스의 뒤를 이은 팀쿡은 애플티비를 만들지는 않을 것으로 보인다.

잡스는 한때 구글TV를 보며 그들은 TV의 본질을 모른다고 했다. 구글이 잡스의 고언을 가슴 깊이 새겼기 때문인지는 알 수 없으나, 현재 애플과는 비교도 안 될 정도로 어마어마한 생태계를 구축하고 있다.

구글이 인수한 회사를 보면 그 숫자와 방대함에 놀라울 따름이다. 구글은 2014년까지 174개의 회사를 인수했다. 49달러에서 시작한 구글의 주가가 10배 이상 상승한 것은 너무나 당연한 결과다.

생태계를 구축하는 이유는 무엇인가? 생태계는 기업의

안정성에 기여한다. 생태계가 구축이 되면 사람들은 거기에서 빠져나오기 힘들다. 네이버가 검색, 지식쇼핑, 영화, 블로그 등 웹에서 이루어지는 모든 활동을 컨트롤하면서, 네이버를 시작화면으로 지정해 놓으면 웹에서의 생활이 전혀 불편하지 않다.

그런데 생태계가 가상세계인 웹이 아니라 현실의 세계로 튀어나오고 있다. 안정성과 무슨 관련이 있을까?

제조업체인 노키아를 생각해보자. 노키아는 1998년 모토로라를 누르고 세계1위 핸드폰업체로 올라선 이후 애플의 스마트폰이 나오기 전까지 세계 휴대폰 시장의 선두를 놓치지 않았다. 세계에서 가장 많이 팔린 모델은 2억5천만대가 팔린 노키아1100이다. 그러나 노키아는 기계에만 집중했을 뿐 플랫폼은 신경 쓰지 않았다. 피처폰의 플랫폼은 각 통신사에서 제공하는 자바기반의 플랫폼만 있으면 되었으니까 말이다. 당시의 생존은 얼마나 싸게, 얼마나 품질 좋은 통화가 잘되느냐에만 달려 있었다.

그러나 통신이 엄청난 속도로 빨라지고 휴대폰에 쓰이는 메모리 반도체, 프로세서의 가격이 싸지면서 주변 생태계에 일대 변화가 일었다. 노키아는 2005년 터치폰을 만들었지만 코닥처럼 사람들은 터치폰을 원하지 않는다는 섣부른 결론을 내고 만다. 노키아는 스마트폰이 세계를 휩쓸었을 때도 자신이 개발한 플랫폼인 심비안과 MS윈도폰에 시간을 보내다가 결국은 한 순간에 역사 속으로 사라졌다. 150

년이라는 긴 역사를 뒤로하고 말이다.

순식간에 일어나는 제조업체의 몰락을 우리는 자주 목격해왔다. 코닥, 아그파, 노키아, 모토로라 등, 한순간의 판단 미스로 기업이 무너진다. 기존의 강점이 오히려 약점이 되었다. 자신의 강점인 기술우위가 새로운 기술이 도입되는 순간 전혀 쓸모없는 것이 되고 만다.

코닥은 필름시장을 포기할 수 없어서 디지털카메라 시장을 덮었고, 모토로라는 아나로그 방식을 고집하다 새로운 디지털 방식에 낙오되며 노키아에게 시장을 내줬고, 노키아는 스마트폰이라는 새로운 기기의 등장에 적응하지 못하면서 애플과 삼성에게 그 자리를 내줬다.

노키아1100모델이 2억5천만대가 팔렸다는 사실은, 만약 판매가 급격이 줄어들 경우 그만큼 많은 재고가 쌓인다는 말이 되고, 전혀 팔리지 않는다면 아무리 돈이 많은 공룡기업이라도 순식간에 재무구조가 나빠질 수 있다는 말이 된다.

'휴대폰이 적게 팔린다'는 분기 결과만 나와도 삼성전자의 주가는 크게 출렁인다. 과거의 경험을 통해 그 파장이 얼마나 큰지 학습했기 때문이다.

그러나 구글 같은 플랫폼 업체는 순식간에 망하는 일이 드물다. 다음카카오도 플랫폼을 기반으로 모바일과 오프라인을 생태계로 묶는 목표에 다가서고 있다. 생태계를 완벽하게 구축한 기업은 앞으로 펼쳐질 사물인터넷 세상에서 살아남을 가능성이 크다.

이해가 완벽하게 된다면 통찰이 생길 것이다. 지금까지의 세계흐름을 놓쳤다면 앞으로의 세계흐름은 놓치지 않아야 한다. 세상이 변하고 나중에야 '세상 많이 좋아졌네' 하지 말고, 그 흐름을 읽고 변하는 세상에 숟가락을 얹어놓아야 한다. 이제 이해는 했으니 통찰만 남았다.

장량처럼 조언만 할 것인가,
유방처럼 천하를 제패할 것인가?

사람들은 묻는다. 어떻게 하면 그렇게 생각하고 글을 쓰며 정보를 찾을 수 있는지 말이다. 나는 남들보다 시간이 많고 그동안의 경험이 있고 융합해서 생각할 수 있는 능력이 있다. 그리고 연결해서 생각하는 방법이 남보다 조금 더 발달되어 있다. 시간과 경험이 부족하고, 연결해서 생각하는 방식이 익숙하지 않은 사람들은 어떻게 해야 재테크에 성공할 수 있을까?

초나라를 멸망시키고 한나라를 세운 한고조 유방이 신하에게 물었다. "내가 어떻게 천하를 통일할 수 있었는가?" 그 대답은 결국 자신의 입에서 나왔다. "지략은 장량보다 못하고, 나라를 다스리는 데는 소하보다 못하며, 군사를 이끄는 데는 한신에 미치지 못한다. 그러나 이 걸출한 인재들을 적절하게 쓰는 용인술은 내가 뛰어나다. 그래서 나는 천하를 얻을 수 있었다."

여기에 답이 있다. 그런 능력이 있는 사람을 찾아 의견을 듣는 것이 재테크에 성공하는 방법이다. 내가 그런 전문가가 아닌데 그런 전문가처럼 공부를 하려면 너무나 많은 시간이 흘러가 버린다. 그리고 자신에게 능력이 부족하다면 공부가 시간낭비가 될 수도 있다.

그러니 내가 잘할 수 있고, 나에게도 맞는 일을 하면서, 전문가의 의견을 돈을 주고 사는 편이 낫다. 단 의견을 들을 때는 유방처럼 비판적 사고를 해야 한다. 전문가라고 전부 옳은 의견을 내는 것은 아니기에 자신이 판단해서 맞다고 생각하는 내용만 골라 들으면 된다. 전문가들은 대부분 자신과 관련된 좁은 전문지식만을 안다. 그래서 그들의 의견을 듣고 종합하는 능력이 필요하다. 그것이 유방의 능력이다.

그렇다면 왜 전문가보다는 의견을 듣는 자가 성공할까? 장량은 그냥 전문가일 뿐이다. 전문가들의 약점은 자신의 틀에 갇혀 전문분야를 생각할 뿐 다른 분야로 발을 넓히지 못한다. 융합하는 능력, 포용하는 능력, 자신의 전문분야를 바꾸는 능력이 부족하다. 새로운 분야로 바꾸면 그만큼 새로운 에너지와 힘을 쏟아야 하기 때문이다. 그리고 지금까지 지켜온 전문분야를 깨뜨려야 하는데 그것은 기회비용 측면에서 유용하지 못하다. 다시 말해 재개발 전문가가 주식으로 방향을 튼다면 완전한 초보상태에서 다시 시작해야 하기 때문에 돈과 정력이 많이 들어가고 그로 인해 돈을 버는 것이 아닌 돈을 쓰는 형태가 되어 비용발생이 필연적이다. 그래서 전문가는 전문가로 남는다. 능력이 없는 사람이 더 유리할 수 있다. 능력이 없는 자는 유방이다. 유방은 전문지식이 없으니 편견도 없다. 그래서 나라를 세운 위대한 군주가 되었다.

유방이 될 것인가? 장량이 될 것인가?

천하를 얻은 것은 유방이지 장량이 아니다. 투자로 성공하려면 유방처럼 의견을 청취하고 의견을 종합하여 비판적 사고를 하고 시대의 방향에 맞게 실행해야 한다. 전문가들은 내가 돈을 주고 이용하는 사람들일 뿐이다. 대통령이 경제와 정치, 외교 전 분야에서 전문가가 될 필요는 없다. 그들의 의견을 잘 청취하고 활용하면 된다. 재테크에 성공하려면 유방이 되자.

2부

남들이 보지 못하는
제4차 산업혁명의
진짜 모습

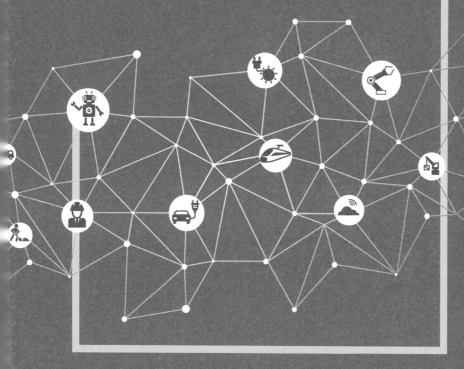

Perfect World를 만드는
4차 산업혁명의 중요한 키워드

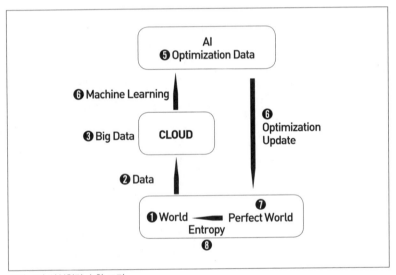

그림_4차 산업혁명 순환 고리

위 그림은 향후 진행될 4차 산업혁명의 과정을 심플하게 표현해본 구조도다. 그 의미를 하나씩 살펴보자.

World(세상)

World는 우리가 사는 세상으로 무질서가 극에 달해 있다. 무질서를 제어하는 주체는 사람이다. 예를 들어 사람은 신호등을 만들어 자동차를 제어한다. 신호등 이전에는 사람이 수신호로 자동차의 흐름을 제어하였다. 산업혁명을 거치면서 인류는 사람이 개입하지 않는 세상을 만들고 있다. 지금은 그 자리를 AI 컴퓨터가 담당하고 있다.

Data(데이터: 자료)

여기서 말하는 데이터는 무질서하게 나타나고 사라지는 것들을 의미한다. 사람이 의식하지는 않지만 기억 속에는 존재하는 데이터다. 예를 들어 철수가 TV를 시청했다. 이 행위에서 남은 데이터는 '철수가 어디에서 며칠 몇 시에 어떤 프로그램을 몇 분간 시청했나'이다. 단순 간 기록, 즉 철수가 남긴 데이터다.

아침 출근을 생각해보자. 철수는 출근을 위해 자가용을 이용했다. 몇 시에 시동을 걸고, 내비게이션에 어느 목적지를 입력하고, 몇 분간 어느 경로를 통해 회사에 도착했는가가 데이터로 남는다.

사람은 이처럼 자신이 의식하지 못하는 사이에 끊임없이 기록데이터을 남긴다. 이 데이터는 개인의 기억 속에만 남을 뿐 누군가와 공유하는 정보는 아니다. 그동안은 공유되지 않았기 때문에 데이터가 쌓이지 않았다.

그러나 4차 산업혁명은 사라질 뻔한 데이터를 쌓아가는

혁명이다. '연결'을 기본으로 하기 때문이다. 클라우드 컴퓨터라는 곳에 우리의 인생이 데이터로 기록, 저장된다.

Big Data(빅데이터)

빅데이터란 세상의 모든 기록이다. 이 기록이 클라우드 컴퓨터Cloud Computer에 쌓인다. 클라우드 컴퓨터는 마치 신처럼 인간의 행동을 비롯한 자연, 기계의 모든 행동을 쌓아 놓는다. 이처럼 가공되지 않는 '데이터'가 모이면 '빅데이터'가 된다.

Machine Learning(머신러닝: 기계학습)

컴퓨터는 인간보다 훨씬 빠른 속도로 연산을 해낼 수 있지만, 사물을 인식하는 '직관력'은 인간에 미치지 못한다. 인간은 개와 고양이를 보는 순간 구별하지만, 컴퓨터는 분석하는 과정을 거쳐야 한다. 컴퓨터가 개와 고양이를 구별하기 위해서는 수많은 개와 고양이의 그림을 저장한 후 비로소 인식하는 능력을 얻게 된다. 그런 면에서 빅데이터는 수많은 고양이 그림이다.

저장된 그림이 많으면 많을수록 컴퓨터의 인지능력은 향상된다. 종국에는 사람보다 빠르게 인지가 가능해지는데, 알파고가 수십 만 판의 기보를 분석한 후 이세돌을 이겼던 일을 떠올려 보라. 향후에는 단순한 그림이 아니라 3D로 데이터가 주어지면 인식 속도와 수준이 훨씬 빨라질 것이다. 대규모의 '기계학습'이 일어나고 있는 것이다.

Optimization Data(최적화 자료)

AI는 머신러닝기계학습을 통해 가장 최적화된 자료를 뽑아낸다. 예를 들어 자동차를 타고 출근하는데 강변북로가 막힌다. 그러면 다리를 건너서 올림픽대로로 돌아가면 얼마나 빨리 갈 수 있는지에 대한 자료가 작동된다. 이러한 최적화 자료가 쌓이면 월요일은 어디가 막히고 어디가 뚫리는지에 대한 자료가 끊임없이 업데이트된다.

IPTV를 보는데 내가 좋아하는 장르가 액션이며 반전을 좋아하고 미드를 좋아하는 취향이라면 나의 영화패턴을 분석해 어떤 영화가 가장 잘 맞는지에 대해 머신러닝을 하고 내가 가장 좋아하는 영화를 찾아 엄선한다는 뜻이다.

Optimization Process(최적화 과정)

나의 취향에 맞는 영화를 엄선하여 나에게 추천하는 과정이다. 이러한 방식이 넷플릭스가 하고 있는 AI를 통한 최적화 과정이라 할 수 있다. 내가 차를 타고 내비게이션을 켜면 AI가 현재의 교통량 등을 따져 가장 막히지 않는 최단 경로를 찾아 나에게 추천하는 과정, 이것이 바로 최적화 과정이다. 물론 앞으로는 최적화 과정을 나에게 보여주기는 하지만, 운전은 AI 자신이 담당한다.

Perfect World(완벽한 세상)

최적화 과정을 거치고 나면 길이 막히지 않고 가장 빠른 시간 안에

회사까지 도착할 수 있는 완벽한 세상이 온다. 완벽한 세상은 균형 잡힌 평형이 되어 있는 세상이다.

Entropy(엔트로피)

에너지의 흐름이 증가한다는 뜻이다. 컵에 얼음을 넣어 두면 시간이 지날수록 얼음은 녹아 물이 된다. 이렇게 평형에서 무질서도가 증가하는 현상을 엔트로피가 증가한다고 한다. 기존의 데이터도 항상 완벽할 수 없고 끊임없이 엔트로피가 증가한다. 그러면 완벽한 세상은 다시 일반 세상으로 바뀌고 무질서도가 증가하면서 다시 데이터가 쌓인다. 그러면 다시 1번으로 돌아가 데이터가 쌓이고 그것이 빅데이터를 거쳐 최적화를 거치고 다시 최적화 과정을 거쳐 완벽한 세상이 되는 사이클이 반복된다. 이것이 4차 산업혁명의 과정이다.

이 흐름에서 중요한 키워드가 나온다. 빅데이터, 인공지능, 머신러닝, AI. 이것이 4차 산업혁명의 중요한 키워드다. 이 키워드를 통해 4차 산업혁명의 순환고리를 이해하면 이제 곧 인류에게 일어날 거대하고 극적인 변화를 모두 이해할 수 있다.

4차 산업혁명은
'가상'과 '현실'의 연결

    1차 산업혁명은 방직기, 방적기와 증기기관에 의한 기계혁명이었고, 먹고 사는 문제를 해결해 주었다. 그전까지 사람은 헐벗고 굶주렸으며 어제와 오늘 그리고 내일이 똑같았다. 아버지도 농사를 지었고 할아버지도 농사를 지었다. 그리고 그 위 할아버지도 그 위 할아버지도 농사를 지었다. 까마득하게 먼 조상도 농사를 지었다. 뿐만 아니라 나도 농사를 짓고 내 아들, 내 손자 그리고 그 아래로도 농사를 지었다. 그런데 1차 산업혁명이 일어나고 나서 모든 것이 바뀌었다. 농사를 짓지 않고도 먹고 살게 된 것이다. 그런데 산업혁명을 통해 생산수단이 하나 더 탄생했다. 바로 '공장'이다. 그러면서 사람들은 풍족해지기 시작했고, 비로소 굶주림과 헐벗음으로부터 벗어나기 시작했다.

    2차 산업혁명은 전기혁명으로 인한 산업화다. 전기혁명은 기계를 더욱 더 발전시킨 혁명이다.

    이때 산업자본주의가 꽃을 피웠다. 1차 산업혁명과 궤를 같이한다.

3차 산업혁명은 인터넷 혁명이다. 이전에는 물건을 사려면 마트에 직접 가야 했지만 이제는 그럴 필요가 없게 되었다. 온라인쇼핑으로 마우스를 클릭하기만 하면 된다. 주민등록등본을 떼기 위해 동사무소에 군이 갈 필요도 없어졌다. 정부도 시장도 기업도 모두 인터넷에 들어와 있다. 3차 산업혁명 기간에 기술은 더욱 발달하여 처음에는 PC로 주문을 했다면 지금은 움직이면서 스마트폰으로 주문할 수 있게 되었다.

3차 산업혁명을 한 단어로 표현하면 무엇일까? 바로 '가상'이다. 1차와 2차 산업혁명의 특징이 '현실'이었던 반면 스마트폰과 노트북PC이라는 도구를 통해 가상의 세계가 창조된 것이다.

그러면 4차 산업혁명의 핵심 키워드는 무엇인가? '가상과 현실의 결합이다.'

O2O서비스란 것이 있다. 'O2O'Online to Offline, 즉 가상현실과 현실의 결합을 의미한다. 예를 들어 치킨배달을 시킬 과거에는 PC를 켜고 인터넷을 실행하고 즐겨찾기를 하여 가까운 치킨집에 전화를 해야 했다. 냉장고에 붙어 있는 광고지를 보고 시키는 것보다 느리고 불편함이 있었다. 그런데 지금은 어떤가? 스마트폰으로 시키니 광고지를 찾는 수고도 덜고 전화로 일일이 설명하지 않아도 되고 결제 또한 가능하니 얼마나 편리한가?

이런 것이 O2O 서비스다. O2O서비스는 4차 산업혁명의 핵심이다.

지금은 자동차를 자신이 직접 운전해야 한다. 그러나 4차 산업혁명 시대에는 가상과 현실의 결합이다. 인터넷에 연결되어 있는 자동차에 타면 AI가 자동차를 운전하고, 운전의 데이터는 클라우드에 쌓이고, 쌓인 데이터는 더 운전을 정확히 하는 AI로 머신러닝을 하여 발전한다. 자동차만 그럴까? 아니다. 앞으로 O2O서비스는 전 분야로 확산되어 나갈 것이다. 인류의 역사는 효율성을 극대화 하는 방향으로 발전하기 때문이다.

GE는 비행기에 센서를 달아 데이터를 클라우드 컴퓨터에 쌓고, 그것을 AI가 분석하여 머신러닝을 하고, 이를 바탕으로 더 효율적인 경로를 찾아 기름을 덜 먹으면서 최적의 거리를 찾아주는 기술을 개발하고 있다. 더 빠르고 더 경제적인 효율성을 완성하는 것이다.

사람들은 점점 더 가상현실에 빠져들 것이다. VR과 결합된 게임, 관광, 해외여행, 교습 등 말이다. 토탈리콜이나 매트릭스와 같은 영화 속 상상이 현실이 될 수도 있다. 중요한 사실은 4차 산업혁명은 아직 시작도 하지 않았다는 것이다.

세상을 독점하려는
구글의 큰 그림

미국의 디트로이트라는 도시는 쇠락해가는 러스트벨트쇠락한 공업도시의 대표적 도시이다. 디트로이트는 법을 바꿔 최고 레벨의 자율주행을 허락했는데, 자율주행차로 카쉐어링까지 가능하도록 했다. 그런데 조건이 하나 있었다. 자율주행자동차는 자동차회사가 만든 자동차여야 한다는 것이다.

그래서일까? 구글은 웨이모라는 자율주행자동차 회사를 만들어 디트로이트에서 주행시험을 하고, 각종 수익모델을 개발하고 있다. 반면 다른 IT업체는 디트로이트에서 자동차 시험주행이 금지되어 있다.

디트로이트가 법까지 바꾸며 이런 제안을 한 이유는 어차피 바닥까지 떨어진 상황에서 도시를 재생하기 위한 승부수였다.

GM CEO인 바라와 56세 동갑이자 자동차 업계 30년 경력의 전문가인 크래프칙은 "우리는 자율주행차를 단순히 자동차의 대체 수단으로 개발하는 게 아니며, 웨이모도 자동차 시장에만 집중하지 않을 것"이라고 했다. 〈위클리비즈〉는 그에게 최종 목표가 무엇이냐고 묻자 그는 즉답을 피하면서도 씩 웃으며 이렇게 얘기했다. "자동차 시장을 넘어서는 빅픽처큰 그림를 그리고 있습니다."

마치 크래프칙은 애플의 전CEO 스티브 잡스처럼 얘기하고 있다. 그가 생각하는 빅픽처는 무엇일까? 아마도 자동차는 이제 시작이라는 뜻이라 생각한다.

구글은 스마트폰 시장을 장악한 전례가 있다. 구글의 안드로이드를 채택한 삼성을 비롯한 모든 스마트폰 업체들은 성공한 반면, 1등이라는 자만심에 빠져 자체 플랫폼을 고집한 노키아는 망했다. 즉 빅픽처란 구글의 자동차 플랫폼이 앞으로 늘어날 1조 개의 센서를 움직이는 단일한 플랫폼을 꿈꾸고 있다는 뜻 아닐까?

지금까지 인터넷에 접속하고 있는 전자기기는 스마트폰과 노트북 2종에 불과하다. 그러나 앞으로는 가전은 물론 외부의 움직이는 모든 기기들이 인터넷에 접속한다. 그러면 그 접속한 수많은 센서와 기기를 조율할 만한 플랫폼은 무엇일까? 그 모든 플랫폼을 구글의 안드로이드와 같은 플랫폼으로 깔아 놓으려는 것은 아닐까? 플랫폼을 바탕으로 구글이 가지고 있는 수익모델 광고나 키워드광고의 기반을 전 세계의 모든 기기로 늘려 놓으려는 것은 아닐까?

구글은 현재 매우 유리한 입장에 있다. 아직은 경쟁자가 없기 때문이다. 안드로이드를 제외하면 플랫폼은 애플의 iOS뿐이다. 스마트폰은 웹서핑을 비롯한 인터넷, 게임, 동영상 처리, 스트리밍 등 모든 서비스를 할 수 있는 현존하는 유일한 기기이다. 그런데 이곳의 강자가 안드로이드다. 그러니 구글이 현재는 가장 뛰어난 플랫폼의 강자일 수밖에 없다. 그 외 마이크로소프트의 윈도모바일이 있지만 경쟁자라고 할 만한 대상이 없는 상황이다.

스마트폰 다음으로 중요한 기기라면 자동차이다. 누구나 재산목록 1위에 올릴 정도로 가장 부가가치가 있는 물건이기 때문이다. 그런 자동차의 자율주행기술 1위가 바로 구글이다. 구글의 자율주행기술은 다른 플랫폼 기반 자율주행기술을 압도한다.

경쟁자라고 해봐야 기존 자동차 업체인데, 그들의 자율주행차는 장님 신세를 면한 정도의 수준이다. 앞만 보고 달리는 자동차에 불과하며, 자율주행이라고 보기에도 부끄럽다. 카메라와 라이더라고 하는 센서에 전적으로 의지하고 있는데, 카메라는 자동차가 차선에서 벗어나는지 아닌지를 감시하는 기능을 한다. 즉 차선이 없으면 달릴 수가 없다는 말이다. 비포장도로, 안개 낀 도로에서는 달릴 수가 없다. 또한 라이더란 레이더 비슷한 센서인데 앞 차와의 거리가 가까워지면 더 이상 가까워지지 못하도록 제어하는 센서다. 그냥 장님이 지팡이로 앞을 두드리며 가는 수준이다. 한편 신호등을 읽으려면 사람 두뇌 정도의 인공지능이 있어야 하는데, 아직 기술이 없기 때문에 신호등 해석이 불가능하다. 그런 면에서 기존 자동차업체의 자율주행기술은 미완성이 아니라 그냥 눈속임에 불과하다. 예를 들어 테슬라의 자율주행차는 고속도로처럼 신호등이 없고 일정한 속도로 거의 직선에 가까운 도로에나 가능하다는 뜻이다.

왜 미완성이 아니라 눈속임일까? 만약 미완성이라는 단어를 쓰려면 지금 데이터센터를 짓고 있어야 하며 머신러닝하는 AI 기술을 개발해야 한다. 신호등 하나 파악하는 데 엄청난 사진을 저장해서 머신러닝을 해야 저 신호등이 파란불인지 빨간불인지 겨우 인식할 수 있기 때문이다. 그런데 신호등뿐인가? 사람, 자동차, 개, 고양이, 건물, 공사장, 맨홀 등 도로 위의 변수는 너무나 많다. 알파고와 같은 인공지능이 아니라면 해결이 어려운 문제다.

그러나 기존 자동차업체는 이런 일을 하지 않고 있다. 그러면서 자율주행 미완성이라는 단어를 쓰는 자체는 거의 언어도단에 가깝다.

반면 구글의 자율주행기술은 어떤가? 구글은 기존 자동차업체의 자율주행기술을 압도한다. 카메라가 있지만 카메

그림_자율주행차가 실시간으로 그리는 3D 지도

라의 센서가 다르다. 차선만을 인식하는 것이 아니라 카메라 센서로 사람이 보는 것 같은 세상을 인식한다.

앞의 풀화면 그림은 자율주행차가 실시간으로 그리는 3D 지도이다. 자율주행차 위에 달려 있는 센서로 주변상황을 3D로 그리며 나아간다. 왼쪽 아래의 조그만 박스 그림은 실제 자율주행차가 카메라 센서로 받아들인 그림이다. 그림을 보면 왼쪽 아래에는 신호등이 있다. 그림의 오른쪽 위에도 신호등이 있고 녹색불이 켜져 있는 상황임을 알 수 있다. 그 옆에 35마일이라는 속도가 나와 있다.

앞에 검은 차는 갑자기 끼어들었다. 구글의 자율주행차는 이 상황을 인식했을까? 구글의 차흰색 앞에 보라색 박스가 이를 가로막는 것이 보이지 않는가? 그것이 검정색 자동차이다. 구글의 센서는 이 상황을 인식해 브레이크를 밟았다. 즉 돌발상황도 잡아내는 기술에 도달해 있다.

여기서 엔비디아의 기술력이 드러난다. 엔비디아는 인텔의 CPU보다 자율주행기술에서 월등한 기술을 가지고 있다. 그것이 GPU이다. GPU는 그림을 한 점 한 점 보는 것이 아닌 한 장의 그림을 바로 인식한다. 구글이 카메라가 찍은 사진을 보면서 3D지도를 그릴 수 있었던 것은 엔비디아의 GPU 때문이다.

구글은 AI의 머신러닝에 있어서 타의 추종을 불허한다. 게다가 플랫폼 기반도 스마트폰에서 성공한 이력이 있다. 그러니 테슬라가 플랫폼에서 상대가 될 수 있을까? 차라리 IBM, 아마존, 애플과 같은 차량용 AI를 만드는 기업이 더 경쟁자에 가깝다.

그렇다면 자동차회사는 구글과 같은 자율주행차의 플랫폼에 종속될 수밖에 없을까? 차 안에다 자율주행기술을 탑재할 수도 없지만 탑재한다 해도 차 값이 더 든다. 그런 비싼 차가 경쟁력이 있을까? 겨우 고속도로에서나 이용하려고 비싼 시스템을 설치할 이유는 없다. 자동차 기업도 먹고 살아야 하니 자율주행은 포기하고 자율주행이 나오면 아무도 차를 안 살 테니 우버와 같은 공유경제 모델로 가야 하는지를 고민한다.

구글이 자동차의 자율주행차 플랫폼을 장악하면 휴머노이드 로봇, 비행기, 선박 등 모든 움직이는 기기로 플랫폼 전선을 확대해 나갈 것이다. 물론 구글이 무조건 이긴다는 의미는 아니다. IBM도 아마존도 있다. 그러나 결론은 모든 플랫폼은 AI 몇몇 회사가 전 세계의 모든 센서를 과점하거나 독점하는 형태가 될 것이다.

자동차는 사람의 생명과 직결되어 있다. 자동차를 타다 사고를 당할 확률이 0.01%와 0.1%라면 어떤 차를 타겠는가? 둘 다 공짜라면 말이다. 결국 1등만 살아남는다. 구글의 더 큰 그림이란 아마도 모든 플랫폼의 정복이 아닐까 생각한다.

미래의 제조업 = 서비스

빅데이터 날개 달고… 제조업, 서비스업 되다

['4차 산업혁명' 이끄는 신기술 활용해 新산업 잇단 진출]

– "기업 입장선 안정적인 수익원"

두산·현대重 등 전담조직 신설

제품 제작과 납품에서 벗어나 운영·유지보수로 사업 확장

– 외국 제조업체들도 참여 잇따라

美 GE는 항공엔진 대여해주고 보수관리 서비스로 수익 창출…

제품 판매보다 주력 사업돼

지난 2일 두산중공업은 사업부문 조직 개편을 단행하면서 '서비스BG사업부'를 신설했다. 두산중공업으로선 발전소·원전·터빈을 생산하는 제조업은 물론 앞으로 판매 후 제품의 성능 개선·정비·유

지보수 등을 해주고 서비스 수수료를 받는 사업을 또 다른 성장 축으로 키우겠다는 것이다. 예를 들어 발전소의 운영 상태를 실시간 모니터링하며, 연료 효율 최적화 방안과 고장에 대한 사전 대처 등의 서비스를 제공하는 것이다. 보통 1기가와트GW 규모 발전소에서 발생하는 연간 서비스 수요가 약 1000억원. 현재 전 세계에 운영되고 있는 발전소 용량이 약 6500GW임을 감안하면, '발전소 운영·유지보수 서비스' 시장 규모는 최대 연간 650조원에 이른다는 게 두산 측의 분석이다. 두산중공업 관계자는 "그동안은 3년 또는 5년 주기로 정기 점검을 했다면, 앞으로는 실시간 모니터링을 통해 고객에게 필요한 서비스를 제공할 것"이라고 말했다.

최근 제조업체들이 제품을 제작·납품하는 것에서 벗어나 운영·유지보수O&M 등 '서비스 사업'으로 영역을 확대하고 있다. 물건을 판매하는 것에서 끝나지 않고, 빅데이터와 인공지능AI, 사물인터넷IoT 등 4차 산업혁명을 이끄는 신기술을 활용해 제조 과정에서 축적한 데이터와 노하우를 '서비스 산업'으로 전환시키고 있는 것이다.

◇제조 기업 "판매는 한순간… 서비스로 장기간 수익 확보"

지난 7일 서울 마포구 공덕동 효성 본사에 있는 '서비스솔루션

팀' 모니터. 국내 한 대형 석유화학업체 변전소의 전류·전압 등 각종 데이터가 실시간 올라왔다. 곧 '변압기 내 부싱출력 전압 조절 장치 점검 요망, 6개월 내 교체 권고'라는 메시지가 떴다. 이를 확인한 임봉철 효성 서비스솔루션팀 과장은 "전압의 변화 등 가동 상태를 감안하면 6개월 내 부품 교체를 하는 것이 안전하다는 뜻이다. 기술자를 현장에 파견, 부품 교체를 해야 할 것 같다는 의견을 석유화학업체에 전달한다"고 말했다. 국내 1위 변압기 제조업체인 효성은 지난달부터 고객사에 제품 관련 상태를 실시간 모니터링한 후, 고장 가능성을 예측해 사전 정비를 하는 '자산관리솔루션AHMS' 시범 운영을 시작했다.

이하 생략

조선비즈 2017년 2월 9일자

위의 기사를 요약하면, 제조업이 제품을 한 번 파는 시대에서 제품을 팔고 서비스를 제공함으로써 계속된 이득을 얻을 수 있다는 내용이다. 마치 애플이 스마트폰을 팔아서 돈을 벌고 후에 자신의 앱스토어를 통해 꾸준히 앱을 판 수수료 등을 챙기는 것과 같은 수익모델이다.

제조업체들이 이런 식의 수익모델을 추구하는 이유는 소프트웨어업체들이 어떻게 살아남는지 목격했기 때문이다. 그런데 마이크로소프트는 소프트웨어업체인데도 하드웨어업체처럼 행동하다 망할지도 모른다. 90%가 넘는 점유율에도 불구하고 앞으로의 생존을 걱정해야 하는 처지 말이다.

위의 변화는 인터넷과의 연결로부터 시작되었다. 제조업체들은 이제 인터넷과의 연결 기반을 갖추기 시작했다고 볼 수 있다. 어떻게 GE가 하드웨어기업에서 소프트웨어기업으로 변신이 가능했나? 먼저 하드웨어를 판 다음 또 소프트웨어 업데이트, 운항관리, 고장 서비스 등으로 사후 서비스 강화를 했기 때문이다. 이를 가능케 한 도구가 바로 인터넷이다.

그러므로 인터넷 연결이 완결되는 시점이 되면 모든 하드웨어기업이 소프트웨어기업으로 변신할 수 있다는 얘기가 된다. 그렇다면 누구나 소프트웨어 서비스로 성공할 수 있을까? 물론 아니다. 구글과 애플처럼 플랫폼을 장악하지 않고는 불가능하다. 플랫폼을 장악하지 않으면 기본적으로 이런 수익모델이 되지 않는다. 그런 면에서 앞으로 구글, 아마존, IBM, 애플, 페이스북, 마이크로소프트 등의 역할이 커질 것이다.

여기서 한 번 생각해보자. 플랫폼 사업자는 모두 GE처럼 독자적인 플랫폼이 가능할까? 불가능하다. 항공기 엔진, 가스터빈처럼 전문적이고 판로가 확실한 제품은 GE처럼 자신들이 플랫폼을 만들고 서비스를 통해 사후에 또 돈을 버는 방법이 가능하겠지만 우리가 흔히 쓰는 생활용품은 어떻게 될까? 예를 들어 2만 원짜리 LED 스탠드라면?

구글처럼 데이터센터를 지어야 하고, 인공지능 컴퓨터를 만들어야 하고, 클라우드 컴퓨터를 만들어야 하고, 그것을 통한 최적화 시스템을 구축해야 한다. 즉 일반 사물을 만드는 기업은 시스템 구축이 불가능하다. 서비스는 해야 하고, 시스템 구축은 불가능하다. 어떻게 되나? GE 정도를 빼고는 모두 데이터센터, 인공지능, 최적화 업데이트를 할 수 있는 회사의 플랫폼을 빌려 써야 한다. 그래야만 경쟁에서 밀리지 않는다. 다른 업체 제품은 사람이 "불 켜"라고 명령하면 자동으로 켜지고, 나아가 사람이 들어오기만 해도 불이 켜지고 꺼지는데, 우리 제품은 사람이 수동으로 켜고 끄는 시스템이라면 점차 도태되고 말 것이다.

위의 시스템을 도입하기 위해 기업이 높은 비용을 부담해야 할까? 그렇지 않다. 원가에서 차지하는 비용은 무시할 수준이다. 스마트폰이나 아마존 에코, 구글홈과 같은 형태의 플랫폼이 모든 명령을 하고 그 명령을 전달 받는 식의 간단한 칩만 붙어 있으면 되기 때문이다.

칩 가격이 문제라고 생각되는가? 제품의 재고를 파악하고 위치 등을 알 수 있는 RFID칩은 칩 가격이 비싸기 때문에 모든 제품에 부착하기 어려웠다. 제품 가격과 비슷한 칩을 붙일 수는 없는 노릇이다.

그러나 지금은 칩의 가격이 싸졌다. 그리고 스마트폰, 아마존 '에코', SKT '누구' 같은 형태로 이들에게 명령할 수 있는 플랫폼이 생겼다. 지금은 가능한 시대라는 의미다.

최근 LG는 신형 에어컨을 내놓으면서 인공지능 서비스인 말로 명령하고 사람이 있는 위치를 파악해서 그 쪽으로 바람을 틀어주는 일들을 AI 업체인 아마존의 알렉사와 공동으로 진행한다고 발표했다. LG 가 그럴진대 하물며 그 이하 기업들은 협업, 아니 일방적으로 플랫폼 을 집어넣을 수밖에 없는 반종속 상태에 처하게 될 것이다.

이제 투자에 중요한 문제를 다뤄보자. 인공지능 업체 중 어떤 기업 의 시장점유율이 높아질까?

첫째, 자연어 인식률이 높은 인공지능을 가진 AI업체일 것이다. 초 기가 중요하다. 자연어 인식이 잘 안 되면 초반에 외면 받을 가능성이 있고 초반에 외면 받으면 앞으로도 그 점유율을 회복하기 힘들 것이 다. 그러니 초기 점유율이 3년 후 혹은 10년 후, 그 이상 점 유율이 계속되어질 가능성이 있다.

어떤 언어부터 해야 할까? 내수시장이 넓은 곳의 언어부터 해야 하 지 않을까? 그래서 구글이 중국어와 영어를 번역하는 데 회사의 미래 를 걸고 있다. 중국은 세계에서 인구가 가장 많고, 미국은 전 세계 소 비의 30%를 담당하고 있다.

둘째, 내부활동업체가전업체와의 협업이다. 그런 면에서 한국이 중요 하다. LG, 삼성이 세계 가전시장 점유율이 높기 때문이다. 그러니 초기 에 누가 어떤 전자회사와 협업하는가가 시장점유율에 미치는 영향이 크다 할 수 있다.

그러나 삼성은 이미 비브랩스 등 자신들이 플랫폼을 개발하고 인공지능 센터를 갖출 능력이 다 되기 때문에 협업하지 않을 것이다. 그러나 일부는 유행하는 AI와 같이 넣을 것이다. 내 것만 고집하다가 망해버린 과거 기업들을 잘 알고 있기 때문이다. 그러니 삼성도 자신의 플랫폼으로 올인하지 않을 것이며, 특정 기업에 종속될 가능성이 있다.

앞으로 중국업체들도 치고 올라오고 있으니 하이얼 등과 같은 곳이 어디와 협업하는지도 자세히 살펴봐야 한다. 일본은 이미 전자업체들의 시장점유율이 떨어지고 있으니 그리 큰 영향력은 없을 것으로 본다.

셋째, 외부활동업체자동차와의 협업이다. 가전은 내부활동을 의미하고 자동차는 야외활동을 의미한다. 현재 AI업체와 자동차업체의 합종연횡이 진행되고 있다. 가전업체와 마찬가지로 자동차업체도 같은 이유로 초기 시장 점유율이 중요하다.

이제 세상이 어떻게 변해갈지 예측해보자.

첫째, 산업인터넷으로, 모든 제조업은 서비스업으로 변신할 수 없다. 일부만 서비스업으로 변신해서 한 번 파는 것에 그치지 않고 꾸준히 사업을 연계해 갈 것이다. 그 모델은 산업인터넷이라는 모델이다. GE가 하고 있는 모델인데 사물인터넷이 아닌 산업인터넷이다. GE는 B2B 모델 즉 기업과 기업을 연결하는 모델이다. 이런 기업으로는 선박이나 비행기를 만들거나 기업이 기업에게 파는 것을 만드는 기업이 될 것이다. 사물인터넷은 고객을 상대로 하는데 그러려면 범용성이 있어야 하기 때문이다. 자연어 인식, 편의성, 여러 사물과 연결 등이다. B2B모델은 확장성이 넓지 않다는 단점이 있으나 워낙 금액 단위가 크기 때문에 기업의 생존에는 문제가 없을 전망이다.

만약 GE가 시장을 더 넓히려면 항공기 엔진이나 가스터빈에 적용했던 기술을 비행기, 선박, 드릴십, 크루즈선박 등으로 확장해야 한다. GE의 미래를 보고 싶다면 이 점을 지켜보면 된다.

둘째는 사물인터넷으로, 범용의 인공지능이 모든 사물을 지배하는 세상이 올 것이다. 스탠드나 도어락을 만드는 기업이 이 모든 기능을 갖출 수 없는 대신 그들의 플랫폼을 받아들이고 종속되며 더 나은 사업을 가지고 가는 것이다. 어디가 될 것인지는 가전업체가 어떤 플랫폼을 쓰는지가 중요하다. 스마트폰이 결국 애플이나 구글로 귀결되었던 것처럼 많은 기업이 난립하겠지만 결국 2,3개 업체로 정리가 될 것이다. 그 업체를 알고 싶다면 초기 시장 점유율을 유심히 관찰해야 한다.

엘론 머스크는
왜 화성에 사람을 보내려고 할까?

엘론 머스크는 2018년까지 관광객 2명을 달에 보낸다는 계획을 발표하였다. 이 야심찬 계획을 발표한 그가 하는 사업은 세 가지다.

1. 테슬라의 전기자동차
2. 스페이스 엑스의 화성탐사를 비롯한 우주개발
3. 솔라시티의 태양광 사업

엘론 머스크는 왜 화성에 사람을 보내려고 할까? 화성에 아무것도 없는데 말이다. 이를 보는 견해는 여러 개로 나눠볼 수 있다.

인간의 멸종이 얼마 안 남았다

지금까지 지구는 5번의 생물 멸종이 있었다고 한다. 그리고 6번째 멸종이 얼마 남지 않았다고 한다. 원인은 이산화탄소로 인한 지구 온난화다. 물론 여기에는 친환경적인 이미지를 강조하려는 머스크의 의도가 깔려 있다.

CO_2는 석유를 태우는 자동차에서 다량이 발생한다. 그러니 태양광으로 충전해서 쓰는 전기차로 바꿔야 한다. 미래를 생각하는 기업이라는 이미지를 동시에 가져가는 것이다. 지구의 인간멸종을 막는 동시에 어쩔 수 없다면 화성으로 이주하는 노아의 방주를 엘론 머스크가 준비하려는 것은 아닐까?

기업의 미래가치를 보여주기 위해서다

주가는 현재가치+미래가치다. 미래가 없고 현재가치만 있는 기업은 싸다. 우리나라 시중은행이 이 경우에 해당한다. PER이 심지어 0.5에 달하는데, 이는 6개월만 벌면 시가총액에 도달한다는 의미다. 언뜻 투자하기 좋은 기업으로 보이지만 문제는 미래가치가 없다는 데 있다. 미래에는 은행이 핀테크로 대체될 수 있기 때문이다. 혹은 블록체인 기술이 은행을 없앨 수도 있고, 비트코인 등 은행을 위협하는 세력들도 많다. 물론 미래야 알 수 없지만 확실한 사실 하나는 앞으로 어떤 혁신이 없는 한 은행은 하향이다. 하향산업이니 미래가치가 없고 미래가치가 없으니 주가가 오르지 않는다.

반대로 미래가치만 있는 기업을 보자. 우리나라 코스닥은 삼성바이오로직스 때문에 상장기준을 바꾸었다. 테슬라의 경우 지속적인 적자기업이었지만 미래가치로 인해 상장되었다. 즉, 미래가치가 있는 스타트업을 상장시켜 증시를 활성화시키고 자본시장에서 돈을 조달할 수 있도록 한 것이다. 삼성바이오로직스도 적자기업이었지만 비슷한 이유로 상장이 되었다. 법까지 바꿔가면서 말이다.

우리는 여기서 주가의 상승은 기업의 미래가치에 핵심이 있다는 사실을 알 수 있다. 현재가치도 중요하지만 미래가치는 훨씬 중요하다. 한 기업이 자신이 도달할 수 있는 미래가치를 제시하면 이를 중시하는 사람들은 꿈을 꾸며 그 회사의 주식을 산다. 그런 면에서 엘론 머스크가 보여주는 미래의 꿈은 무척 장대하다. 그들이 목표에 도달했을 때 얻을 경제가치가 도대체 얼마나 되는지조차 막연할 정도다. '화성에 사람을 보내면 기업가치가 얼마나 뛸까?' 지금으로선 알 수 없다. 하지만 정말 큰 미래가치가 있는 것처럼 보이는 것은 사실이다. 그래서 주식은 계속 올라가고, 사람들의 관심은 증폭될 것이다.

기술력을 보여주는 것이다

한국인이 중국인에게 "우리는 핸드폰이나 반도체 등의 기술력이 뛰어나다"고 하면 중국인이 되묻는 말이 있다. "너희들 우주에 우주정거장 만들어 봤어?"

우주정거장과 반도체는 엄연히 다른 기술인데도 우주정거장이 더 만들기 어려운 기술인 것처럼 보인다. 넘기 어려워 보이는 기술력을 보여주면 다른 자회사의 기술력은 따라서 올라간다. 나사NASA는 이제 더 이상 우주개발을 자신들이 직접 하지 않고 엘론 머스크에 맡기고 있다. 엘론 머스크가 우주발사체를 자신들보다 1/3 더 싼 가격으로 만들고 있기 때문이다. 그래서 44조나 더 수주를 받았다.

이런 기술력을 보여주면 엘론 머스크의 스페이스 엑스의 기술력뿐 아니라 테슬라 자동차의 기술력, 하이퍼루프의 가능성, 솔라시티의 효율성 등을 동시에 돋보이게 할 수 있다. 엘론 머스크는 이런 효과를 노리고 계속해서 화성탐사에 대한 이벤트를 꾸미고 있다.

원래 로마의 카이사르도 한나라의 유방도 젊었을 때는 외상이 많았다. 빚도 어마어마했다. 심지어 카이사르는 빚으로 콜로세움을 빌려 검투사경기를 주최할 정도였다. 그런데 따르는 사람이 많았고 나라를 세울 때에도 인재를 쉽게 구할 수 있었다. 작게 돈을 꾸면 사기죄지만 크게 돈을 꾸면 사업가가 되거나 심지어 나라를 세우기도 한다. 이러다가 엘론 머스크가 미국의 대통령이 된다고 선언하지는 않을지 궁금해진다.

왜 하드웨어의 주도권은
모바일로 넘어 왔는가?

'PC의 전통적 강자인 인텔PC CPU 시장 점유율 세계1위과 엔비디아PC 그래픽 카드 시장 점유율 세계1위도 IoT의 강자가 될 수 있나?'에 대한 답이다.

얼마 전까지 소재산업에 투자를 할 때 고민했던 점이 하나 있다. AP시스템은 PC에서의 CPU, 그래픽카드, 사운드카드, 모뎀을 하나로 만드는 중요한 칩이다. 그래서 스마트폰을 비롯한 스마트워치, 핏 등에 쓰였다. 즉 태블릿PC급 이하의 작은 IoT 기기들은 AP를 쓰겠지만 그 이상의 기기들전기차, 무인비행기, 무인선박 등은 인텔의 칩이 쓰이지 않을까에 대한 의문 말이다. 고성능의 칩이나 카드를 꽂아도 될 만큼의 충분한 공간이 나오기 때문이다. 그러니 성능이 좋은 인텔 제품이 쓰여도 괜찮지 않을까라는 생각이 들었다. 이렇게 된다면 다시 소재투자에 대한 범위가 넓어진다. 작은 것과 큰 것으로 나눠 투자할 수 있기 때문이다. 하지만 결론은 "나눌 필요가 없다"였다. 아래 기사를 보면 모든 움직이는 것들은 내연기관에서 배터리로 변경되면서 소비전력이 문제가 되었다.

"삼성전자, 모바일 D램 전량 내년 2분기부터 20나노 이하로"

D램은 미세화 수준이 높아질수록 전력 소모는 줄고 생산성은 높아진다. 외부 전력을 사용하는 PC와 달리 배터리에 의존하는 모바일 쪽으로 D램 시장이 커지면서 미세화 수준이 높은 D램 수요도 늘고 있다.

한국경제신문, 2016년 10월 31일자

석유차에 비해 전기차에서 가장 큰 문제는 배터리 소모다. 전기차는 석유차만큼 발열이 되는 기기들을 동시에 사용하면 배터리가 급격히 떨어진다. 배터리는 온전히 주행거리를 늘리는 데 써야 하는데 발열이 많고 에너지 소모가 많은 제품을 쓰면 연비가 높아지고 오히려 제품경쟁력이 떨어지게 된다. 그러니 굳이 인텔과 엔비디아 제품을 쓸 필요가 없다.

또 하나의 고민은 '좀 더 성능이 좋은 부품을 써서 자율주행차 등을 비롯한 기기들의 성능 업그레이드가 더 중요한 상품선택의 기준이 되면 어떻게 되나?'였다. 그 문제도 아래의 기사를 통해 해결되었다.

빠르게 확장되는 SSD시장

SSD는 하드디스크드라이브HDD보다 속도는 10배 빠르면서도 소비전력은 10%에 불과하다. 무게와 크기도 작다. CD플레이어처럼 디스크를 모터로 돌려 기억을 저장하고 재생하는 HDD와 달리 SSD는 낸드플래시에 바로 저장하기에 가능한 일이다. 비싼 가격이 유일한 단점이었지만 2006년만 해도 HDD의 130배가 넘었던 SSD 가격은 올해 2.8배 수준까지 떨어졌다.

한국경제신문, 2016년 10월 30일자

기술의 속도가 하루가 다르게 변하고 있다. 1970년대 슈퍼컴퓨터가 지금 우리가 들고 있는 스마트폰보다 못하다. 10년 만에 SSD는 속도가 10배 빠르면서도 소비전력은 10%에 불과한 수준이 되었다. 그리고 가격은 130배 비쌌지만 현재는 2.8배 수준이다. 그러니 모바일 AP가 인텔과 같은 PC제품 강자들의 성능을 조만간 따라 잡을 것이다.

무어의 법칙은 '18개월마다 제품 성능이 2배 좋아진다'는 것으로 시간이 지날수록 성능은 기하급수적으로 좋아진다. 그래서 인텔이 ARM의 설계를 받아 위탁생산을 하지 않는가. 이 계약은 인텔이 모바일 칩셋 분야에서 ARM과의 경쟁에서 완벽하게 패배했다는 선언에 가깝다. 결론은 결국 모바일이 PC의 강자를 이긴다는 것이다.

지치지 않는 기계,
일하지 않는 인간의 시대

얼마 전 나온 한 기사의 제목은 이렇다. "전 국민에 '월 70만 원 기본소득'··· 핀란드, 내년 유럽 첫 시범운영."

스위스나 핀란드가 국민의 국민소득에 관심을 갖는 이유는 무엇일까? 여러 이유가 있겠지만, 첫째로 '인간의 존엄성' 차원이라 생각한다.

인간은 기본적으로 쓸모없음에 대해 자유롭다. 의자의 다리가 부러져 더 이상 쓸 수 없으면 갖다 버리면 그만이다. 사람이 앉는 용도의 의자가 제 구실을 하지 못하면 더 이상 존재가치가 없다. 경주마의 다리가 부러져 더 이상 달릴 수 없을 때 사살하는 이유도 다르지 않다. 하지만 인간은 다르다. 다리가 부러졌다고 해서 죽이지 않는다.

인간의 목적이 무엇인가? 인간에게는 목적이 없다. 그러니 인간이 장애를 입었건 정신병에 걸렸건 죽이지 않는다. 그런데 우리나라에서 보호해야 할 대상이 있다. 생활보호대상자와 같은 저소득계층이다. 사실 어느 나라에나 존재한다. 다만 선진국일수록 이들이 인간다운 삶을 살 수 있게 보장해준다. 그것이 복지다.

그런데 이처럼 기본소득을 보장할 경우 문제가 생긴다. 사람들이 어렵고 더러운 소위 3D업종을 기피하게 된다. 놀고먹어도 굶어죽지 않는데 굳이 그런 일을 할 필요가 없지 않겠는가. 그래서 다른 나라 노동자를 수입하거나 3D에 종사하는 사람들의 월급을 훨씬 많이 주는 일이 생긴다.

반면 복지의 좋은 점은 무엇인가? 국민 누구나 인간다운 삶이 보장된다는 것이다. 몸이 아프거나 장애가 있거나 부모가 없어도 굶어죽거나 얼어 죽는 일이 생기지 않는다.

스위스에서는 기본소득 300만 원이 지급되는데, 모두 복지비용이다. 그래서 300만 원 외에는 복지비용을 주지 않는다. 이런 구조에서는 문제가 발생하는데, 정치권에서 진보의 목소리가 줄어든다는 점이다. 왜냐하면 부자증세, 복지우선 등의 목소리로 대중의 관심을 끌고 보수와 딜을 했는데 이런 통로 자체가 막히는 것이다. 그들의 정책 중 도덕적인 우월함이 사라지는 것이기도 하다. 그래서 기본소득 300만 원은 정치권 어디에서도 환영받지 못한다.

이 기본소득은 앞으로 어떤 의미를 지니는가? 우리가 맞이하게 될 디스토피아의 세상에서 필요하게 된다. 무어의 법칙은 우리의 일상을 바꾸어 놓았다. 무어의 법칙은 제레미 리프킨이 《한계비용제로의 사회》 같은 책을 쓰게 되는 계기도 되었다. 18개월마다 반도체의 성능이 2배로 향상된다는 법칙이다. 무어의 법칙 중 중요한 세 가지 조건이 있다.

① 반도체 메모리칩의 성능 즉, 메모리의 용량이나 CPU의 속도가 18
   개월에서 24개월마다 2배씩 향상된다는 '기술 개발 속도에 관한
   법칙'이다.
② 컴퓨팅 성능은 18개월마다 2배씩 향상된다.
③ 컴퓨팅 가격은 18개월마다 반으로 떨어진다.

여기서 중요한 팩트는 급격하고 기하급수적인 기능 향상과 가격의
하락으로 인해 성능은 거의 무한대로 좋아지고 가격은 0에 가까워진
다는 말이다. 예를 들어 자동차가 1분은 10km로 달리고 2분은 20km
를 달리고 3분은 40km를 달리는 식의 기하급수적인 속도의 증가가
있다면, 27분 후에는 어떻게 되겠는가? 차의 속도는 시속 13억 4200
만 km가 되고 지구에서 화성까지 3분이면 갈 수 있다.

반도체의 크기가 256kb일 때가 엊그제 같은데 벌써 그 크기는 테
라바이트를 넘어섰다. 그럼에도 가격은 오히려 현저히 떨어졌고 성능
은 몇 천배 향상이 되었다. 이 사실로 우리가 어떤 세상을 상상할 수
있을까? 바로 로봇이 일하는 세상, 인간의 노동력이 필요 없는 세상
이다.

상상의 나래를 한 번 더 펼쳐보자.

태양광은 이 세상의 모든 에너지가격을 0으로 만들 것이다. 그러니

태양광으로 움직이는 비행기, 선박, 자동차 등이 세상의 모든 운송을 책임질 것이다. 왜냐하면 성능은 기하급수적으로 올라가는데 가격은 지금의 가격보다 훨씬 떨어지기 때문에 한계비용이 제로에 수렴한다.

'태양광으로 움직이는 고기잡이배에서 로봇이 고기를 잡는다.'

그들은 24시간 일하고도 피곤한 줄 모르고, 머신러닝기계학습으로 더 빨리 더 많이 잡는 법을 실시간으로 슈퍼컴퓨터에 전송한다. 그리고 알파고와 같은 슈퍼컴퓨터는 다시 전 세계의 로봇에게 업그레이드 된 내용을 전송시킨다. 전 세계의 물고기를 잡아 자동화된 공장이나 마트를 통해 드론으로 그날 즉시 생선을 배달시킨다. 인간이 일할 틈이 없다. 인간 중 기계를 만들거나 기계를 조작하거나 에너지 체계를 손보는 일부의 사람을 제외하고는 고기잡이에 투입되는 인원이 크게 줄어든다.

나머지 사람들은 무엇을 하는가? 일자리를 구하기 위해 날마다 이력서를 써야 하는가? 그때가 되면 이력서를 써도 취직할 곳이 거의 없을지도 모른다. 오히려 남아도는 인간은 일을 할 필요가 없고, 로마시대의 로마인들처럼 수많은 기계노예를 바탕으로 편안히 영화나 보고 사우나나 하면서 식도락을 즐기지 않을까? 그러면 이처럼 기하급수적으로 늘어나게 될 잉여인간들을 위해 국가가 해야 할 일은 무엇인가? 바로 국민에게 기본소득을 부여하는 일이 되지 않을까? 그래서 기본소득의 문제가 남의 일이 아니다.

초연결 세상의 승자는
지금 우리 눈에 보이지 않는다

알파고와 이세돌이 세기의 바둑 대결을 펼칠 때 그 자리를 지켰던 한 사람이 있었다. 아자황 박사. 그에 대해 관심을 가진 사람이 많지 않겠지만, 그의 존재에는 아주 깊은 뜻이 있다. 알파고가 컴퓨터로 착점을 하면 그 착점한 것을 보고 아자황 박사가 실제 바둑판에 착점을 한다. 그러면 이세돌 9단이 다시 생각해서 수를 두고 나중에 최종승부를 가리게 된다.

알파고가 중요할까? 아자황 박사가 중요할까? 생각할 필요도 없이 알파고다. 이 세상 누구라도 뻔히 알고 있는 사실이다. 아자황 박사의 역할은 사실 초등학생도 할 수 있는 일이기 때문이다. 그런데 무슨 뜻이 숨어 있다고 했는지 살펴보자.

일본, 인공지능 '알파카' 가속페달 밟는다

AI 전쟁 뛰어든 일본 자동차업계

인공지능은 자율주행 핵심기술
로봇회사 인수·연구소 설립 활발
도요타·혼다 등 인재 확보 총력

　도요타자동차, 혼다, 닛산자동차 등 일본 3대 자동차 회사가 자율주행차 개발의 핵심 기술인 인공지능AI 관련 투자에 잇따라 뛰어들고 있다. 미국 실리콘밸리, 일본 도쿄 등에 개발 거점을 마련하고 과감한 기업 인수합병M&A에도 나서고 있다.

　3일 아사히신문 등에 따르면 혼다는 AI 연구 거점인 '혼다혁신연구소'를 오는 9월 도쿄 아카사카에 설립한다. AI 관련 인재 영입이 쉽도록 도쿄 도심에 거점을 두고, 해외 연구기관이나 벤처기업 등과 제휴를 추진할 계획이다. 혼다기술연구소 산하지만 일본과 해외에서 연구원, 기술자를 자체 채용할 방침이다. 혼다는 2020년 고속도로 주행이 가능한 자율주행차 출시를 추진하고 있다.

　도요타는 미국 구글과 로봇회사 두 곳을 인수하기 위한 최종 협상을 하고 있다. 신성장산업으로 떠오른 생활지원 로봇 기술을 자율주행차 등에 적용하기 위해서다. 로봇에 들어가는 AI를 비롯한 소프트웨어는 자율주행과 안전지원 시스템에서도 핵심 기술로 꼽힌다. 도요타는 2개사 인수를 통해 300명가량의 전문가도 확보한다. 이번 인수 추진에 대해 시장에서는 인재 확보를 목적으로 하는 '인재영입용 인수acqui-hire'라는 관측이 나온다고 니혼게이자이신문은 전했다.

올해 도요타는 5년 만에 순이익이 줄어들 것으로 전망하면서도 AI 등 연구개발비로 사상 최대인 1조800억엔을 쏟아 붓기로 했다. 지난 1월에는 미국 실리콘밸리에 AI 개발 자회사인 '도요타리서치인스티튜트'를 설립했다. 향후 5년간 10억달러를 투자해 자율주행과 로봇 실용화 등 30개 관련 기술을 개발하기로 했다.

일본 내 자율주행차 부문에서 상대적으로 앞서 있는 닛산자동차도 약 1000억엔을 첨단기술 연구개발에 투자할 예정이다. 자금은 계열사 칼소닉칸세이 보유지분41% 전량을 매각해 조달한다.

미국 등 벤처기업과의 제휴 및 벤처펀드 출자도 추진 중이다. 닛산은 2020년까지 자율주행 기능을 적용한 10개 이상 차종을 미국 유럽 일본 등에 출시할 계획이다.

일본 자동차업체들은 이미 AI 기술에서 앞서 있는 정보기술IT 업체와 제휴를 맺었다. 도요타는 마이크로소프트, 세일즈포스닷컴 등과 제휴 중이고, 닛산자동차는 마이크로소프트와 손을 잡았다.

업계가 공동으로 AI 인재 양성에도 나서고 있다. 도요타와 일본 최대 동영상 사이트 운영업체 드왕고 등 8개사는 공동으로 AI 기술자를 육성하기 위해 도쿄대에 기부 강좌를 개설하기로 했다. 총 9억엔을 기부해 연간 약 150명을 육성한다. 인재에 대한 우선 채용 조건이 붙은 것은 아니지만 업계 전체적으로 AI 인재 육성이 시급하기 때문이다.

일본 싱크탱크인 EY종합연구소에 따르면 일본 AI 시장 규모는 2030년 86조엔으로 전년보다 23배 성장할 전망이다. 이 중 자율주행차 등 운송 관련 AI 분야가 30조엔을 차지한다.

2016년 6월 4일자 한국경제신문

기사를 보면 일본에서 무인자동차를 개발한다는 얘기다. 이미 많이 나왔던 기사다. 벤츠도 개발하고 아우디도 개발하고 BMW도 개발하고 심지어 현대차도 개발한다. 전기차로 유명한 테슬라의 엘론 머스크도 개발한다고 한다.

그럼 여기서 아자황 박사의 역할은 누가 하게 될 것인가? 알파고는 두뇌의 역할을 하고 아자황 박사는 몸의 역할을 한다. 인공지능 알파카 개발에 있어서 앞으로 자동차는 몸의 역할만을 하고 알파카의 핵심은 그 뒤에 숨어있는 알파고와 같은 슈퍼컴퓨터가 담당한다. 여기서 '왜?'라는 질문을 던져야 한다. 스타크래프트의 인공지능처럼 차 안에 노트북 하나 놓으면 될 일인데, 왜 군이 알파고와 같은 슈퍼컴퓨터가 필요한가? 두 가지 뜻이 있다.

첫째, 연결되지 않은 인공지능은 쓸모가 없다.
둘째, 또한 그럴 필요도 없다.

첫째, 스타크래프트를 비롯한 PC로 돌아가는 CD게임들의 인공지능이란 현재의 시각에서 보면 매우 열악하다. 조금만 공부하면 이기는 법을 알 수 있고, 몇 번 게임을 하다 보면 약점을 파악할 수 있다. 한 번 익히고 나면 백전백승이다. 그러니 컴퓨터 인공지능은 앞으로의 시대에 크게 쓸모가 없다.

다음으로 나온 게임이 PC게임에서도 네트워크 게임이다. 컴퓨터로 맞고를 치는데 그 대전 상대는 컴퓨터가 아닌 사람이다. 컴퓨터의 역할만을 봤을 때는 CD게임보다 나을 것이 없다.

그런데 어느 날 갑자기 슈퍼컴퓨터가 등장해 인간계의 최고수를 이겨 버렸다. 인간이 프로그래밍해서 우겨 넣은 것이 아니라 스스로 학습해서 싸우고 기보만 집어넣으면 업그레이드된다.

어떻게 알파고와 같은 괴물이 생겼는가? 그것은 연결의 힘 때문이다. 알파고를 자동차에 넣는다면 슈퍼컴퓨터가 자동차에 들어가야 할 것이고 그 크기는 웬만한 빌딩만한 크기가 되어야 할 것이다. 차라리 인간이 자동차를 운전하는 편이 낫다. 한 대도 아니고 수백만 대의 자동차에 슈퍼컴퓨터를 넣어야 한다면 그 가격은 또 어찌할 것인가?

그런 걱정을 해결해주는 것이 바로 '연결'이다. 슈퍼컴퓨터를 자동차에 집어넣는 대신 통신이 되는 칩 하나만 있으면 된다.

왜 자율주행차는 슈퍼컴퓨터의 인공지능이 필요할까? 자동차가 장애물을 피하고 차선을 따라 움직이고 사람의 말을 알아듣고 집의 보일러를 조절하는 일 등 수만 가지의 일을 해야 하기 때문이다. 그러므로 연결되지 않은 인공지능 자율주행차는 쓸모없는 쓰레기에 불과하다.

둘째 그럴 필요가 없는 이유는, 슈퍼컴퓨터와 연결된 통신칩 하나만 있으면 되기 때문이다. 비싼 가격을 들여서 자동차 안에 슈퍼컴퓨터를 우겨 넣고 만들어야 할 유인이 없다는 것이다. 따라서 그럴 필요가 없다.

자율주행차, 커넥티드 카의 핵심은 '연결'이다. 그리고 그 뒤의 인공지능이 모든 문제를 해결한다. 즉 기존의 자동차 시스템이 폐기되는 날이 머지않았다는 뜻이다. 지금도 각자의 자동차 회사가 자율주행차를 만들고 있지만, 이 물결을 따라잡지 못한다면,

지금 1등 기업도 사라지고 말 것이다.

결국 여러 가지 한계에 부딪힌 기업들은 서로 연합할 것이고, 구글에 대항하는 모양새가 될 것이다. 지금의 스마트폰 시장이 애플과 구글로 갈린 것처럼 말이다.

자동차만 그런가?

자동차, 드론, VR, 인공지능 로봇 등 앞으로 태어날 모든 것들은 연결이 생명이다. 그리고 그 뒤에는 알파고와 같은 슈퍼컴퓨터가 있다. 그러니 지금 만들어지는 자동차, 드론, VR 등은 껍데기일 뿐이다. 중요한 것은 슈퍼컴퓨터이고 그것이 진짜인 세상이다.

플랫폼 사업이 중요하다 했다. 구글의 안드로이드, 애플의 IOS처럼 자신들은 판만 깔아주고 그 위에서 수많은 사람들이 앱을 개발한다. 다가올 5G세상은 초연결시대이다.

초연결 세상에서는 구글만이 승자일까? 구글도 승자가 되겠지만, 구글만큼 승리할 수 있는 기업이 바로 통신기업이다. 왜냐하면 연결을 담당하는 기업은 통신기업이고, 통신기업이 없다면 슈퍼컴퓨터도 타자기나 계산기와 다를 바가 없기 때문이다. 인공지능을 가진 슈퍼컴퓨터보다 더 큰 이면을 봐야 한다. 투자자라면 더더욱 슈퍼컴퓨터회사와 통신기업을 동시에 공부하는 시야를 가져야 한다.

로봇이 바꿀 직업의 미래

여기서 질문 하나, '아디다스의 로봇생산 시스템은 혁명이 될까?'

아디다스는 지금 세상에 없던 거대한 실험을 진행 중이다. 핵심은 로봇이 물건을 만드는 세상이다. 사람이 필요 없는 세상 말이다.

우리나라와 일본은 한때 제조업 강국이었다. 그런데 지금은 공장이 해외로 빠져나가고 있다. 그 근본적인 이유가 무엇일까?

가장 큰 이유는 '인건비'다. 더 저렴한 인건비를 찾아 공장들이 이전하고 있다. 우리나라 현대자동차 고졸 초임과 수당을 합하면 연봉이 약 5500만 원이다. 웬만한 대기업 과장급과 맞먹는다.

해외의 임금은 개성공단 월 13만 원, 중국 30만 원, 베트남, 캄보디아 10만 원이다. 현대차 고졸 초임이 450만 원이니 45배 가까이 되는데 현대차 고졸이 하루에 자동차 45배를 더 만드는 것이 아니다.

제조업 강국이 중진국 함정에 빠지는 이유가 여기에 있다. 제조업은 인건비 싸움이고, 인건비를 얼마나 줄이느냐에서 경쟁력이 나온다. 우리나라는 이제 더 이상 이런 싸움에서 이길 수 없다.

그래서 일자리가 해외로 빠져나가고, 그 자리를 신사업예를 들면 금융업, 서비스업, IT 등이 메워야 하는데 일자리 측면에서는 말이 되지 않는다. 이들 신사업은 사람을 많이 필요로 하지 않기 때문이다. 그리고 숙련된다 하더라도 더 많은 연봉을 받지 못한다. 다시 말하면 증권사 애널리스트는 억대 연봉을 받지만 그 아래 직원은 복사업무만 하기 때문이다. 복사를 20년 한다고 돈을 더 주지는 않는다. 증권사 수입의 대부분은 억대 애널리스트들이 벌어온다. 그래서 부의 편중현상이 일어난다.

한때 코닥은 고용인원이 30만 명이었다. 그러나 지금 코닥의 전성기 시가총액과 맞먹는 스냅챗과 같은 경우 고용인원이 12명 정도밖에 되지 않는다. 그러니 서비스업이 제조업을 내체 한다는 말은 어불성설이다.

앞서 언급한 아디다스가 세상을 뒤바꿀지도 모르는 시도를 하고 있다. 로봇으로 인간을 대체한다. 제조업의 가장 큰 딜레마인 인건비를 줄이는 일을 시도하고 있는 것이다. 로봇은 매일 야근을 시켜도 불평하지 않는다. 야근수당도 요구하지 않는다. 노동쟁의도 없으며, 휴일도 없다. 그러니 로봇이 인간을 완벽히 대체하면 굳이 해외로 공장을 옮길 필요가 없는 것이다. 중국도 오르는 인건비를 감당하기 위해 공장을 로봇으로 대체시켜 자동화를 추진하고 있다.

로봇이 인간을 완벽히 대체한다면, 어느 것 하나 빼놓지 않고 뭐든 자동화가 가능할까?

수작업이 필요한 물건은 반드시 있으며, 소품종 생산과 장인정신이 필요한 명품, 군수산업은 불가능할 것이다. 그러나 대규모로 생산하는 모든 공장은 로봇 자동화 도입이 가능할 것이다.

로봇 활성화에 따른 미래는 어떤 모습일지 상상해보자.

첫째, 대대적인 일자리의 변화와 혁신이다. 단순노동자는 결코 로봇을 이길 수 없다. 제1산업혁명시절 러다이트 운동이 일어나 일자리를 빼앗는 기계를 부수던 일이 다시 생길지도 모를 일이다. 노동권력도 공장자동화에 밀려 설자리를 잃게 될 것이다. 자율주행자동차가 택시운전사, 트럭운전사 등의 일자리를 빼앗고 로봇공장은 지금 공장에서 일하는 모든 노동자들의 자리를 빼앗아 버릴 것이다.

대신 새로운 일자리가 나타날 것이다. 로봇수리 기술자, 로봇소프트웨어 개발자 등 말이다. 앞으로 이공계 중 로봇, 기계, 전자공학 등과 같은 학문이 더 각광 받을 것이다. 그러나 기존의 공장노동자들이 새로운 일자리를 찾아야 하는 데 걸리는 시간은 평생이 될지도 모른다.

해외로 공장이 나갈 필요가 별로 없다. 고용하는 사람 수가 현저히 줄어들기 때문에 전 세계의 인건비가 평준화된다. 그래서 선진국은 오히려 일자리가 늘어날 수 있다.

둘째, '빈익빈 부익부' 현상이 한 나라 안에서 일어나고, 나아가 선진국과 후진국에서 일어나게 될 것이다. 후진국은 지금까지 선진국에서 인건비가 오르면 싼 인건비를 제공하며 선진국으로 도약하는 발판으로 삼았다. 하지만 앞으로는 그럴 일이 없어질 것이다. 선진국의 공장이 인건비가 싼 후진국으로 옮길 유인이 사라졌기 때문이다. 오히려 후진국까지 가서 공장을 짓는 일이 더 불편하게 느껴질 것이다.

19세기 초반 제국주의 시대처럼 선진국은 공장을 돌려 물건을 찍어내고 후진국은 이를 소비하는 패턴이 될 것이다. 후진국은 기술이 없다면 그것을 배울 기회조차 없이 원자재의 수탈과 선진국의 공산품을 소비하는 나라로 전락할 것이다.

다만 TTP나 FTA와 같은 무역협정을 전 세계 국가와 맺고 있다면 그 나라가 가장 유리할 것으로 보인다. 관세만 싸다면 현재의 조세피난처에 돈이 몰리는 것처럼 전 세계에 수출하는 데 관세가 거의 들지 않는 수출 천국수출에 걸림돌이 없는 나라이 생길 것이기 때문이다.

셋째, 세계적인 글로벌기업이 다수 생겨날 것이다. 인건비가 필요 없다면 수익은 지금과는 게임도 안 될 만큼 엄청나게 늘어난다. 예를 들어 삼성이 고용하고 있는 몇 십만 명의 직원을 죄다 내보내고 로봇으로 대체한다고 했을 때 그것을 이익으로 환산해보자. 순익은 엄청나게 늘어난다. 물론 관리하는 인력은 있겠지만 지금과는 비교할 수 없을 만큼 소수의 인원일 것이다.

넷째, 공급과잉과 디플레이션이 트렌드가 될 것이다. 중국의 싼 노동력이 우리의 생활을 풍요롭게 했다. 그동안 중국은 값싼 노동력을 이용해 전 세계에 대량의 공산품을 공급해 왔다. 그런데 앞으로는 기계가 사람을 대신하기 때문에, 공산품의 생산은 더욱 많아지고, 가격은 더욱 떨어질 것이다. 그러면 우리의 생활수준은 더 나아질 것이다.

3부

제4차
산업혁명 시대의
주식투자법

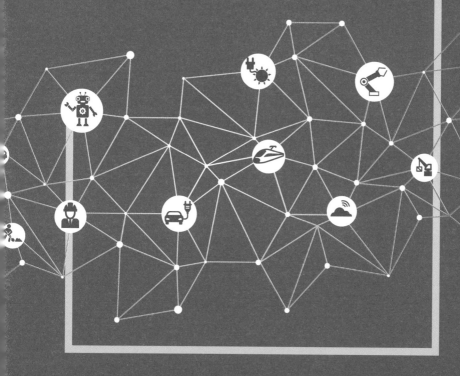

다리 뻗고 편히 잘 수 있는
'JD부자연구소' 주식투자 원칙

주식투자에는 원칙이 있다. 투자원칙이 있다면 처음 접하는 주식을 투자할 때도 흔들리지 않는다. 투자원칙에 맞는지만 살펴보면 되기 때문이다. 내가 항상 강조하는 7가지 투자원칙에 대해 알아보겠다.

업종에 투자하라

앞으로 좋아질 업종에 투자해야 한다. 앞으로 올 미래를 예측하여 미리 선점하는 효과를 누려야 한다. 장기투자일수록 정확하다. 단기투자로 대처한다면 맞을 수도 맞지 않을 수도 있다. 아무리 좋은 세계적인 기업이라 할지라도 내일의 주가는 떨어질지 오를지 알 수 없다. 1초 후를 알 수 없고 내일을 알 수 없고 몇 달 후는 더더욱 알기 어렵다. 그러나 1년 후는 예측이 가능하고 10년 후는 알 수 있고 100년 후는 확실히 알 수 있다.

매년 연말연시에는 이런 제목의 기사가 어김없이 뜬다. '저가주 좇고 단타 매매… 개미들 年수익률 -33%2015-12-31.'

2015년 마지막 날의 기사 제목이었다. 2015년의 핫이슈로 돌아가 보자. 가장 뜨거웠던 감자는 유가의 하락이었다. 석유는 지구가 가장 사랑하는 에너지다. 그런데 그런 유가가 2015년도에 엄청나게 하락했다.

투자자별 순매수 상위 종목의 수익률　　　　　　　단위: %(자료:한국거래소)

순위	개인		외국인		기관	
	종목	수익률	종목	수익률	종목	수익률
1	포스코	−38.48	네이버	−9.83	삼성전자	−5.50
2	SK하이닉스	−34.66	한국전력	16.28	현대글로비스	−33.62
3	현대차	−11.83	LG화학	83.43	엔씨소프트	15.66
4	대우조선해양	−72.44	SK이노베이션	56.29	한화케미칼	134.32
5	LG디스플레이	−27.79	기아차	1.53	신세계	28.45
6	LG전자	−11.34	삼성생명	−5.15	KT&G	39.29
7	현대건설	−30.88	현대모비스	4.87	이마트	−5.17
8	대한항공	−37.99	아모레퍼시픽	86.44	삼성화재	9.38
9	하나금융지주	−24.69	롯데케미칼	50.31	고려아연	15.49
10	삼성중공업	−45.61	S-Oil	63.02	아모레G	50.80
평균	**−33.57**		34.71		24.91	

올해 1월 2일~12월 29일 유가증권시장 순매수 금액 기준임. 수익률은 작년 12월 30일 종가 대비 올해 12월 29일 종가 등락률임.

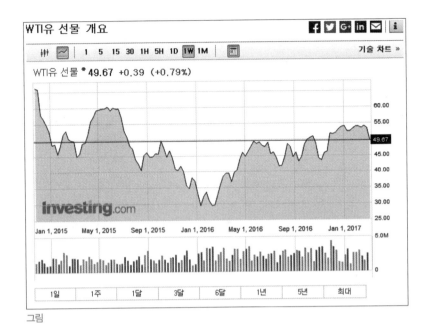

그림

그해 1월 100달러가 넘던 유가가 무려 50달러대로 급격히 하락했다. 그리고 2016년 1월에는 거의 20달러대에 머물렀다. 유가가 떨어지면 좋은 쪽은 누구이고, 안 좋은 쪽은 누구인가?

좋은 쪽은 화학업체다. 초기에는 사온 가격보다 많이 떨어져 안 좋지만 향후 석유값이 일정하면 석유를 가지고 만드는 2차 상품이 많아 석유류 수출은 좋아진다. 대표적으로 플라스틱은 석유를 통해 만들어진 가공품이다. 가격이 떨어지지 않는다면 화학회사는 오히려 원가의 부담이 낮아져 좋아지는 것이다.

반면 안 좋은 쪽은 누구인가? 조선업이다. 특히 이때 우리나라는 유가의 상승으로 심해에서 석유를 뽑아 올릴 수 있는 해양플랜트를 집중 수주했다. 왜 해양플랜트를 집중 수주했는가? 유가가 50달러라면 원가부담이 없는 땅에서만 석유를 뽑아 낼 것이다. 그러나 만약 유가가 150달러까지 올라간다면 이야기는 달라진다. 버려졌던 심해유전이 재조명 받는다. 심해유전은 생산하는 데 드는 생산비용이 100달러 정도로 비싸서 석유가 묻혀 있는지 알면서도 뽑지 않았다. 그런데 유가가 150달러까지 오르면 원가 이상으로 생산성이 나오기 때문에 석유를 뽑아서 파는 것이 더 이익이다.

그래서 심해에 유전이 있었던 브라질 등을 비롯한 산유국들은 앞다투어 한국의 조선사에 드릴십을 주문하였다. 드릴십이란 심해에서 석유를 뽑는 시추기구인데 이것이 해양플랜트 사업이다.

그런데 유가가 급격히 떨어졌다. 기름값은 수요와 공급에 의해 가격이 정해지는 것으로 알고 있지만 전혀 그렇지 않다. 사실 석유가 가장 많이 공급되었을 때 석유가격이 떨어져야 하는데 오히려 올랐으며 석유가 적게 공급되었을 때 가격이 떨어지는 등 수요와 공급과는 아무런 상관관계가 없었다는 것이다. 이 얘기는 소위 7공주파와 신7공주파로 불리는 나라와 기업이 석유가격을 결정한다는 말이다. 지금의 석유가격이 떨어진 것도 공급이 늘어서가 아니라 석유가격을 낮게 유지할 필요가 있어서 서로 합의했기 때문이다.

7공주파는 무엇이고 신7공주파는 무엇인가? 쉽게 말해 7공주파는 록펠러의 후손이라 불리는 엑손모빌, 쉐브론, 로열 더치쉘, BP등 미국

기업이다. 신7공주파는 아람코를 비롯한 OPEC 국가와 러시아, 브라질, 베네수엘라 등이다.

이들 중 석유가격을 결정하는 주체는 신7공주파가 아니라 사실은 원조 7공주파인 미국 기업들이다. 그리고 조연으로 사우디의 아람코가 있다. 신7공주파사우디를 제외하는 원조 7공주파의 농간에 빠져 지금의 사태인 저유가를 맞게 된 것이다.

저유가로 고통 받는 나라는 경제파탄에 이른 베네수엘라, 러시아 등이다. 그들은 어떻게 위기에 빠졌나? 1982년대 멕시코는 모라토리엄을 선언한다. 마치 데자뷰처럼 지금의 경기상황과 비슷하다. 멕시코는 경제발전을 이루며 1970년대에 이미 세계8위의 경제대국이 되었다. 1976년 멕시코에서는 대규모 유전을 발견하게 된다. 매장량은 무려 400억 배럴. 멕시코는 흥분한다. 마침 오일쇼크로 유가가 천정부지로 치솟던 때였다. 그리고 유전의 가치도 1000억달러에서 2조달러로 급격히 뛰게 된다. 멕시코는 대박을 맞았고 그 이상의 욕심을 낸다. 해외자금을 끌어들여 증산을 하고 증산을 바탕으로 국부를 늘리자는 생각이었다. 마침 대부분 국가의 실질금리는 마이너스였다. 그러니 멕시코 정부는 해외자금을 끌어들여 증산을 계획했다. 그리고 설비투자가 끝나고 막 증산할 무렵 국제유가는 거짓말처럼 떨어지게 된다.

사우디가 증산을 했기 때문이다. 사우디는 엄청난 양을 증산하면서 유가를 끌어내렸다. 이것이 전두환 대통령 시절 3저 호황이었다. 게다가 폴 볼커 연준 의장은 4~5%에 머물던 금리를 20%까지 끌어올린다. 멕시코로서는 설상가상이었다.

멕시코는 어떻게 되었을까? 얼마 전까지 고유가/저금리인 천국의 상황에서 저유가/고금리인 지옥의 상황으로 내몰렸다. 버티지 못한 멕시코는 결국 모라토리엄을 선언한다.

그런데 지금의 상황과 너무도 똑같다. 브라질, 베네수엘라와 멕시코 말이다. 얼마 전까지만 해도 고유가인 상황이었는데 갑자기 떨어진 저유가의 상황이다. 게다가 미국이 금리를 올린다고 한다. 고유가 시절 브라질은 심해유전인 투피와 리브라 유전을 발견했다. 심해유전은 유가가 80달러면 본전인데 100달러가 넘던 시절 발견된 유전이라 경제성이 있는 것으로 파악되었다. 브라질은 이 심해유전이 100달러를 넘는 상황이 계속된다면 엄청난 부를 거머쥘 수 있다고 보고 해외자본을 끌어들인다. 고유가/저금리인 상황이 자신들에게 유리할 것이라 보고 투자를 감행한 것이다.

그리고 엄청난 자금이 심해유전에 들어간 상황에서 갑자기 사우디가 이상한 짓을 한다. 공급을 급격히 늘리며 미국의 쉐일오일 업체를 죽여 시장 점유율을 높이겠다고 한 것이다. 100달러가 넘던 유가는 순식간에 20달러대까지 떨어지며 심해유전에 투자했던 브라질을 곤경에 빠뜨렸다. 브라질이 멕시코의 데자뷰를 겪고 있다고 생각되지 않는가?

멕시코가 모라토리엄을 선언하던 1982년 중남미를 비롯한 남미 국가들은 줄부도를 맞았고 지금은 브라질을 비롯한 남미 국가들이 줄

부도를 맞을 상황에 처해 있다. 베네수엘라의 물가상승률은 초인플레이션에 가깝다.

그렇다면 이러한 수법을 통해 얻어내는 이득은 무엇인가? 경제 저격수 존 퍼킨스는 이런 말을 했다. "천연자원의 개발 여지가 풍부한 곳에 → 갚을 수도 없을 만큼의 대규모 자금을 빌려주고 → 위기상황에 직면했을 때 자금상환을 요구하고 → 결국 갚지 못하게 된 상황에서는 천연자원을 채권의 대가로 몰수하고 → 이후 취득한 자산을 민영화해서 현금화 시키고 이익을 챙긴다."참고《오일의 공포 - 환율전쟁보다 더 무서운 오일의 공포가 다가온다》 이종헌, 손지우 지음 | 프리이코노미북스

그런데 이때 우리나라의 조선소는 저임금으로 무장한 중국의 조선업체에 벌크선, 상선 등이 밀리기 시작하였다. 그래서 우리나라의 조선소는 해양플랜트만이 살길이라고 생각하고 해양플랜트 수주에 열을 올렸다. 저가 출혈경쟁을 벌이면서까지 말이다. 그러나 유가는 떨어졌고 산유국이 힘들어졌으니 그 돈을 받을 조선소도 힘들어진 것이다. 그리고 대우조선해양도 마찬가지로 앙골라의 국영석유회사 소난골에 1조원을 물려 힘들어 했다. 게다가 중국과 업종이 겹치며 공급과잉에 시달리는 철강이 있다.

그렇다면 2015년, 개인은 어떤 종목을 주로 샀는가? 조선사대우조선해양, 삼성중공업, 철강사포스코, 안 좋은 건설사 등을 주로 샀다. 반면 외국인은 유가가 떨어졌지만 석유가공을 해서 파는 화학기업인 LG화학, SK이노베이션 등을 샀다. 그리고 한창 중국의 유커가 많이 쓰는 한류

수혜업종인 아모레G 등을 샀다. 기관도 화학기업인 한화케미칼 중국 수혜주식인 아모레G 등을 샀다. 외국인과 기관은 2015년의 핵심업종을 알았고 개인은 몰랐다. 그것이 개인의 패인이다.

1등주에 투자하라

업종을 선택했다면 항상 1위의 주식에 투자해야 한다. 내수든 글로벌이든 1위만이 살 길이다.

1995년으로 돌아가 보자. 삼성전자와 마이크로소프트 중 어떤 주식을 사야 할까? 삼성전자는 그 때 당시 가격이 3만 원이고 마이크로소프트는 주당 3.5달러다.

둘 다 IT기업이라고 하기에는 무리가 있다. 마이크로소프트는 3차 산업혁명의 핵심 컴퓨터 OS를 90% 이상 장악한 세계 1등 기업이다. 반면 삼성은 가전업체이나 소니 등 일류기업에 밀리고 한국에서 겨우 피처폰이나 만들어 1등을 하네 마네 하는 회사다. 세계시장 점유율로 보면 미미하다.

결과를 보자. 2017년 3월 11일 현재 삼성은 주당 2,009,000원에 거래되고 마이크로소프트는 65.93달러에 거래된다. 물론 액면분할 등은 고려하지 않았다. 결과를 보면 삼성에 투자하는 것이 맞다. 왜냐하면 삼성은 40배가 넘는 주가 이익을 본 반면 마이크로소프트는 20배 정도기 때문이다.

그러나 투자는 세계1등인 마이크로소프트에 해야 한다.

왜냐하면 삼성이 이렇게 세계적인 IT기업이 될지 몰랐기 때문에 마이크로소프트에 투자하는 것이 더 안정적인 투자이다. 게다가 마이크로소프트도 20배 정도 올랐기 때문에 결코 적게 오른 것이 아니다. 1억을 투자했다면 20억이 되었을 터다. 배당금 재투자를 빼도 결코 나쁘지 않은, 아니 너무나 훌륭한 투자결과다.

세계 1위 기업 투자는 안정성을 기반으로 한다. 벤처가 더 오를 수도 있지만 안정성에서 비교가 되지 않는다. 포트폴리오 차원에서 1995년 당시로 돌아가 1위 기업인 마이크로소프트와 삼성에 분산투자하는 것도 나쁜 방법은 아니다. 어디가 어떻게 오를지 모르기 때문이다.

그러나 원칙은 세계1위, 내수1위에 투자해야 한다. 그러나 꼭 1위에만 투자해야 하는 것은 아니다. 2위나 3위도 여력이 되면 투자하라. 현재의 1위도 2위나 3위에게 따라잡힐 수 있다. 그리고 내수 업종은 전체적으로 같이 상승하는 경향이 있다.

1위란 시장점유율 1위를 의미한다. 영업이익률, 관련 기술, 고객충성도 등 다른 지표도 많지만, 시장점유율은 이런 개념을 모두 포함한 개념이다. 기술이 좋아도 시장의 선택을 받지 못하면 시장점유율은 오르지 않는다. 영업이익률이 좋아도 시장점유율이 떨어진다면 시장에서 외면 받는다는 증거이며, 영업이익률의 크기가 그만큼 작다는 의미이다.

시장점유율 1위는 업종 1위다. 그러니 시장점유율 1위에 투자하라. 더 자세한 내용은 필자가 운영하는 다음카페 'JD부자연구소'에서 확인할 수 있다.

독과점에 투자하라

독과점은 시장점유율이 2,3개 업체에 집중되어 있는지로 판단할 수 있다. 대표적으로 통신시장이 그렇다. 1990년대 초반에 시작된 통신업체는 어느새 SKT, KT, LGT의 구조로 정착되었다. 그리고 더 이상 통신사가 나오지 않는다.

독과점이 좋은 이유는 기업이 안정적으로 발전해 나갈 수 있기 때문이다. 초창기부터 이런 기업에 투자한다면 안정적이고 꾸준히 배당금을 받으면서 주식 수를 늘려가는 것이 좋다.

독과점은 시장점유율이 크게 바뀌지 않는다는 특징이 있다. 완전경쟁시장에서는 시장점유율이 수시로 바뀐다. 1위 업체가 계속 바뀌기 때문에 장기적인 투자가 불가능하다. 물론 발 빠른 투자자는 1위 업체가 바뀌는 상황을 이용해 수익률을 높일 수 있다고 자신하겠지만, 사실은 누가 1위가 될지 정확히 예측하기가 어려우며, 그 과정에서 투자 실패가 뒤따를 수 있다. 차라리 안정적인 1위 업체와 꾸준히 함께하는 편이 낫다.

국가에 투자하라

세상에서 돈이 가장 많은 곳은 미국이다. 미국은 1인당 GDP도 높지만 무엇보다 달러를 가진 기축통화국이다. 그렇다면 어디에 투자해야 할까? 4대 경제권인 미국, 유럽, 일본, 중국 중 어디일까? 당연히 미국이다. 2016년 말 현재 세계 시가총액은 70조1000억 달러이다. 한국은 1조2821억 달러로 15위 비중 1.83%에 불과하다. 미국 나스닥과 뉴욕다우지수NYSE를 합치면 세계 증시의 39.02%에 달한다.

미국의 기업은 어려워질지언정 망하기는 힘들다. IMF 외환위기가 나고 우리나라의 기업들은 어땠는가? 구조조정과 대량해고로 어려운 시기를 겪었다. 그것만이 기업의 체질을 개선하고 군살을 빼고 빨리 위기로부터 벗어날 수 있는 방식이었기 때문이다.

그런데 2008년도 금융위기가 있고 미국은 어땠는가? 구조조정된 기업은 없다. 리먼브러더스가 파산하고 사태의 심각성을 안 미국은 중앙은행이 미국의 국채를 사들이는 방식으로 부실한 기업 모두를 사들였다. 그 방식은 흡사 대우조선해양에 자금지원을 해주는 우리나라의 형국과 비슷하다. 가능한 모든 기업을 살려야만 국민들이 대량실업으로 내몰리고 국가와 기업의 자산이 팔리는 험한 꼴을 안 볼 수 있기 때문이다. 그런데 미국은 양적완화라는 방식으로 미국의 기업들을 모두 살려냈다. 기축통화를 가진 나라만이 할 수 있는 일이다. 그러니 미국기업은 웬만하면 망하지 않는다는 명제가 역사적으로도 증명되었다.

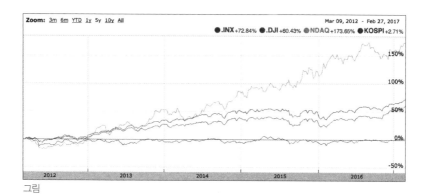

그림

위 그림은 나스닥과 코스피의 비교이다. 코스피는 철저하게 박스권 내에서 움직이고 있다. 오르면 떨어지고 떨어지면 오르고 말이다. 그러나 구글이나 페이스북 등을 비롯한 IT기업이 있는 나스닥은 위로 우상향하고 있다.

돈을 벌고 싶다면 돈이 많은 나라에 투자해야 한다. 주식이 유리한 것이 있다. 부동산은 부촌에 투자하려면 10억이 넘게 필요하지만 주식은 100만 원이면 웬만한 주식은 다 산다. 그러니 높은 수익을 거두고 싶다면 미국이나 중국, 일본, 유럽 등 돈이 많은 동네에 투자해야 한다.

청춘에 투자하라

젊은이들의 특징이 있다. 그들에게는 내일이 없다. '오늘 즐겁게 술 마시고 내일 죽어도 좋다'고 생각한다. 가진 돈도 많지 않지만, 소유한 돈을 거의 소비한다.

물론 부지런히 모으고 아껴서 투자에 임하는 젊은이들도 있지만 대부분은 소모적이다. 젊은이들은 이성적이라기보다는 다분히 감성적이다. 성향은 어떨까? 까다롭지만 변덕스럽다. 그리고 트렌디하다. 쏠림도 심하다. 이런 젊은이들의 특성을 좋아하는 사람들은 누구일까? 소비를 부추기는 사람들이다.

일단 부동산 측면에서 분석해보자. 서울에는 5대 상권이 있는데, 주로 2030, 즉 젊은이들이 많이 가는 곳이다. 조금 이상하다. 부의 70%를 가지고 있는 중장년층이 많이 가는 곳이 주요 상권이 되어야 할 거 같은데 왜 2030이 많이 가는 곳이 5대 상권일까? 이유가 있다. 5060 이상은 젊은이들과 다른 소비패턴을 갖는다. 소비에 있어서 이성적이다. 오래 살면서 더 이성적이 되었다. 일단 이성적인 것은 결혼하면서부터이다. 그 다음부터는 생활이고 삶이 시작되기 때문이다. 그러니 소비에 있어서 가성비를 따지고 더 아끼고 덜 쓰는 경향이 있다. 게다가 노인들은 얼마까지 살지 알 수 없기 때문에 더 소비를 줄이는 경향이 있다. 평균수명이 늘어나고 소득은 줄면서 노년에 안정적인 소득을 마련해 놓지 못했다면 더 소비를 줄이게 되어 있다. 그러니 소비에 있어서 젊은이들보다 이성적이다. 게다가 우리나라는 80년대 이후 대기업이 상권을 쥐락펴락하는 상권이 되었다. 대기업에서 온갖 물건을 만들어내고 대형마트와 백화점을 쏟아내면서 자영업자들은 고사 위기에 빠졌다. 세탁소, 구멍가게, 양복점, 옷가게, 빵집 등은 대기업에 대항할 수 없게 되었다. 만약 대항하려면 대기업이 만든 프랜차이즈로 대항할 수밖에 없게 되었다. 그래서 세탁소, 동네커피숍, 빵집도 프랜차이즈 구멍가게는 편의점 등으로 바뀔 수밖에 없었다.

이런 상황에서 젊은이들이 힘을 발휘한다. 대기업의 횡포를 이기는 상권이 등장한 것이다. 그 상권은 서울의 5대 상권인 명동, 건대입구, 홍대, 강남역, 신촌이다. 이 5대 상권의 특징은 무엇인가? 2030이 많이 가는 곳이다. 5대 상권은 젊은이들의 소비성향을 극명하게 보여준다. 예를 들면 백화점 지하식당에서 아무리 우아하게 양꼬치를 구워도 젊은이들은 절대 가지 않는다. 대신 그들이 가는 곳은 홍대 양꼬치집이다. 그러니 대기업을 이기는 상권이다.

이 5대 상권은 '빨대상권'이라는 또 다른 특징이 있다. 빨대상권이란 주변 상권을 전부 빨아들인다는 의미다. 이것 또한 젊은이들의 특성을 보여준다. 젊기에 멀어도 간다. 염창동, 가양동 상권이 9호선 생기고 많이 무너졌는데 이유는 신논현역까지 지하철을 타고 갈 수 있어서이다. 사실 강남역 인근에 대기업 본사가 많기 때문에 어차피 퇴근상권이 바뀐 개념이기도 하다. 무슨 뜻일까? 예전에 9호선이 들어오기 전에는 강서구에 사는 젊은이들은 퇴근하고 강서구 인근에서 술을 마시거나 친구들과 약속을 잡아도 강서구 인근에서 먹었다는 얘기다. 그런데 9호선이 생기고 강남까지의 접근이 쉬워지니 이왕이면 물 좋은 강남역으로 간다는 얘기다. 그래서 빨대상권이 되는 것이다. 만약 9호선 연장으로 강동구까지 가면 어떻게 될까? 거기도 신논현역으로 빨려들어와 강남역신논현역 인근에 강남역이 있다. 인근은 더 상권이 넓어지고 강동구의 상권은 많이 죽을 것이다. 그러나 종합운동장까지의 3차 연장은 강남역이 빼앗길지 아니면 잠실롯데월드 인근의 상권이 제2의 강남역이 될지는 두고 봐야 한다.

그래서 상권을 보더라도 젊은이들이 많이 가는 곳이 어디인지가 중요하다. 이것 또한 젊은이들의 특성이다. 변덕스러움이다. 그래서 가로수길, 세로수길, 경리단길 등이 생기고 예전에 압구정, 신사동 등의 카페거리가 몰락한 것이다. 그러니 상권도 철저히 청춘에 투자해야 한다.

그러나 가장 큰 돈을 버는 곳은 어디인가? 기업이다. 기업이고 시장이다. 기업들 중 요즘 페이스북, 구글, 애플 등을 비롯한 미국의 IT 기업들이 시가총액 상단을 차지하고 있다. 이들 기업은 전부 젊은이들이 즐기는 상품에 초점을 맞추고 있다. 젊은이들이 무엇을 좋아하나? 스마트폰이다. 왜 좋아하나? SNS 때문 아닌가? SNS의 특징은 무엇인가? 비주얼이다. 사진과 동영상, 소통 그리고 과시욕이다. 그런 특징으로 페이스북은 라이브 방송을 할 수 있도록 했고, 구글 또한 유튜브를 통한 방송을 하고 있다. 그리고 그런 영향으로 데이터센터를 만들고 키우고 있다.

기업이건 상권이건 우리가 젊은이들을 신경 써야 하는 이유가 바로 여기에 있다. 소비성향이 가장 강하기 때문이다. 그래서 어떤 기업이든 젊은이들이 좋아할 만한 것을 신성장동력으로 발표하지 않는다면 안정적 성장은 있더라도 폭등은 없다. 반대로 젊은이들이 좋아할 만한 것을 꾸준히 발표하거나 비전을 준다면 폭발적인 성장이 가능하다.

분산투자하라

우량한 종목 20개가 있다. 그 종목에 1000만 원씩 총 2억 원을 투자했다고 가정해보자. 그런데 10년쯤 지나서 그 중 한 종목이 20배가 올랐다. 그러면 무엇이 좋은가? 나머지 19개의 종목은 공짜로 산 꼴이다. 그러니 하나의 종목이 20배만 올라도 위험이 분산되는 효과가 있다.

다음으로 어떤 종목은 100배가 오를 수도 있다. 20년간 꾸준히 종목당 10만 원 정도 넣었다고 하면, 한 종목당 원금은 2400만 원이다. 그 중 한 종목만 100배가 올라도 24억 원이 된다. 반면 그런데 한 종목에 100만 원씩 24년간 2억4천만 원을 넣었을 경우 어떻게 되는가? 신의 한 수로 100배 오르면 240억 원이 되지만 만약 거꾸로 상장폐지가 되거나 거의 주가에 변화가 없다면 투자가 소용없는 짓이 되고 만다. 그러니 업종을 나누고 1위 업종에 분산투자하는 것이 좋다.

절대 팔지 말아야 한다

절대 팔지 말라는 말은 장기투자를 강조한 말이다. 단기투자는 이미 슈퍼컴퓨터의 영역이다. 초단타매매는 이미 슈퍼컴퓨터의 알고리즘으로 하고 있다. 슈퍼컴퓨터는 1억분의 1초로 거래한다. 1억분의 1초가 왜 중요한가? 예를 들어 대규모 매수를 해서 주가가 올라가는 상황이라면 슈퍼컴은 0.000000001초의 차이로 올라가는 클릭을 보고 산다. 그러니 개미보다 싸게 산다. 그리고 1달러라도 올라가면 0.000000001초로 판다. 개미는 샀는데 바로 떨어지는 구조다. 개미는 클릭을 해도 1초나 2초 후에 사게 된다. 팔아도 1초나 2초 후에 팔게 된다.

공정한 게임이 아니다. 개미는 결코 슈퍼컴퓨터를 이길 수 없다. 그러니 이미 세계적인 투자운용사의 단타매매는 슈퍼컴퓨터가 장악했다.

이런 상황에서는 앞에서 말한 바와 같이 장기투자를 해야 한다. 장기투자자는 보다 쉽게 미래를 예측할 수 있다. 그러나 단기투자는 미래예측이 힘들다. 사서 조금이라도 오르면 바로 팔 종목은 애초부터 사지 말아야 한다. 그런 식의 투자는 오히려 본업에 방해만 될 뿐이며, 투자수익률도 좋을 수 없다. 월급쟁이가 대부분인 상황에서 초단타매매와 같은 단기매매는 본업도 실패하고 투자도 실패하는 지름길이다.

그러니 사면 팔지 말고 끝까지 들고 가야 한다. 단, 장기투자를 하더라도 팔아야 할 경우는 있다. 경영진이 말썽을 피우거나, 너무 이상 과열되어 이상 급등했거나, 투자수익

100배를 달성했거나, 시장점유율이 뒤바뀌는 상황 등이다. 이런 경우가 아니라면 주가 하락은 오히려 매수의 기회다.

이처럼 7가지 원칙을 기반으로 투자하면 매일 종목을 들여다 볼 필요가 없기 때문에 본업에 충실할 수 있고, 마음 편히 투자할 수 있다. 부동산의 주택, 상가와 달리 공실, 감가상각 등을 걱정하지 않아도 되기 때문에 다리 뻗고 편히 잘 수 있다. 또한 항상 제자리인 투자가 아니라 쌓이는 투자를 할 수 있다. 항상 제자리인 투자는 레버리지를 많이 일으켜 만약 망했을 때 원금보다 더 마이너스가 되는 투자를 말한다. 주택이나 상가는 웬만하면 3억 이상이 들어가기 때문에 갭투자를 할 수밖에 없다. 갭투자는 대출을 많이 일으키거나 전세를 많이 받는 방식이다. 그러나 문제는 역전세난이 일어나거나 감정평가액이 깎이는 경우에 발생한다. 그렇다면 내가 들어간 원금은 고사하고 레버리지까지 물어내야 하는 상황이 발생한다.

그것이 문제다. 주식은 망해도 본인이 들어간 원금만 손실이 나는데 주택이나 상가는 금액이 커서 갭투자를 할 수밖에 없는 상태에서 레버리지 손실까지 내가 감당해야 하는 경우가 생긴다. 그러니 오히려 주식투자가 더 안전하다.

주식은 계속해서 쌓이는 구조를 만들 수 있다. 계속 사기만 하는데 어떻게 쌓이지 않는가? 그러나 주택은 계속 산다면 레버리지만 쌓인다. 주택이 100채 있는데 그 중 레버리지가 90%이고 10%는 세입자

보증금이라면 100채가 내 것인가? 은행 것인가? 세입자 것인가?

그러나 주식을 적립식으로 쌓는다면 100% 내 것이다. 비슷한 투자로 부동산 토지투자를 들 수 있다. 레버리지를 많이 일으키지 않고 자투리땅을 사 모으는 것도 이러한 방법 중 하나이다. 쉬운 투자이고 어렵지 않다.

어려운 투자는 많이 배워야 한다. 하지만 이런 투자는 상식선에서 하면 된다. 어렵지 않게 투자하면서도 기분 좋은 미래를 상상하며 발 뻗고 편히 잘 수 있는 투자를 할 때이다.

결코 늦지 않았다.
시장점유율 1위에 투자하라

경제학원론 책을 보면 현란한 그래프 때문에 머리가 아프다. 수요곡선, 공급곡선, 장기파동, 경기순환 곡선, 실업률, 고용률 등 말이다. 곡선이 하나만 나오면 그나마 괜찮은데 2개 이상이면 아픈 머리가 더 아파진다. 인플레이션과 실업률, 스태그플레이션과 유가 등 말이다. 사실 더 자세한 분석을 위해서는 3개, 4개 아니면 수십 개의 곡선이 필요할 때도 있다.

이러한 곡선을 그리면서 경제학이 설명하려는 것은 무엇인가? 미래를 예측하거나 현재 또는 과거에 일어난 사실을 설명하기 위함이다. 그런데 문제는 정확하지 않다는 데 있다. 과거의 사실을 바탕으로 미래를 예측하지만 정확하지 않고, 과거 사실에 대한 설명도 아전인수가 되기 쉽다.

온갖 변수를 집어넣어도 현실과 마주한 순간 예측이 빗나가는 이유는, 사람들의 욕망이나 시대적 상황과 같은 수치로 나타낼 수 없는 수많은 변수 때문이다.

예측이 어려울 때 가장 쉽게 동원되는 도구는 과거의 사실, 즉 역사이다. 2008년도 금융위기가 닥쳤을 때 어떻게 이 난국을 헤쳐 나갈지에 대해 그들은 1929년 세계대공황을 떠올렸고 케인즈를 불러냈다. 정부가 돈을 풀어 경기를 부양해야 한다고 했고, FRB미국 연방준비이사회는 천문학적인 돈을 풀었다.

역사적인 사실과 경제학자들이 좋아하는 그래프와 다른 점은 그래도 역사적인 사실이 그래프보다 정확하다는 사실이다. 왜 역사적인 사실이 더 정확한가? 시대적 상황 등은 다르지만 경제학자들이 생각하지 못한 인간의 욕망과 같은 수치로 표현할 수 없는 비정량적인 변수들이 다수 포함되어 있기 때문이다. 공황에는 집단의 광기, 패닉, 울분, 분노 등이 모두 포함된 '증거'가 다수 포함되어 있다.

투자에서 가장 중요한 포인트가 바로 '증거' 찾기다.

전 국회의원 고승덕씨는 사시시험을 앞두고 어떻게 공부를 해야 할지 몰라 고민했는데, 증거를 발견하고 나서 합격할 수 있었다. 그 증거란 고시를 전문으로 하는 잡지에 실린 합격자 인터뷰였다. 그 합격자가 인터뷰한 비결은 육법전서 7번 독파였다. 합격으로 증명된 증거였다. 그는 그 사람과 자신의 머리가 다르다는 점을 인정하고 육법전서를 10번 보았다.

증거를 활용한 고등학생 실천가가 있었는데, 그가 증거로 삼은 것은 고승덕의 공부법이었다. 무엇이든 10번을 보는 것을 목표로 공부했다. 그러다 보니 시험을 보면 머릿속에 교과서가 펼쳐졌다고 한다.

투자에 있어서 증거는 무엇인가? 트래픽_{병목}이다. 트래픽이란 사람들이 많이 찾는다는 증거다. 사람들이 많이 찾는 것은 시장점유율로 표현된다. 시장점유율 1등은 많은 돈을 번다. 자본주의는 기본적으로 양극화로 갈 수밖에 없다. 왜냐하면 대부분의 사람들은 혁신적이지 않다. 그러니 혁신은 소수에 의해서 일어난다. 혁신을 이룬 소수가 돈을 버는 것이다. 소수가 많은 돈을 벌고 다수는 돈을 많이 벌지 못한다. 그리고 혁신이 많이 일어날수록 자본주의가 더 발전한다. 만약 소수가 돈을 벌었는데 그 돈을 사회에서 모두 빼앗아 버린다면 소수는 혁신을 하지 않거나 떠날 것이다. 그러면 다수의 혁신이 없는 사람들만 남을 것이며 분배는 제대로 되겠지만 북한처럼 모두 못사는 나라가 될 것이다. 이것이 자본주의의 문제점이기도 하다. 이념을 떠나 그래서 시장점유율이 높은 기업에 투자해야 한다.

시장점유율을 국내와 해외로 나누면, 국내는 내수 1위인 기업에 투자해야 하고, 세계에서는 글로벌기업에 투자해야 한다. 앞서 1995년을 예로 들며, 삼성전자와 마이크로소프트 중 어디에 투자할 것인가라는 질문을 던졌다. 나는 그때로 몇 번을 돌아간다고 해도 마이크로소프트에 투자할 것이다. 흐름으로 보면 웹의 시대가 오고 있었고 웹의 시대_{정확히 말하면 가상의 시대}를 열려면 반드시 PC가 있어야 했다. 그 PC의 머리기업은 OS 90%의 점유율을 자랑하는 마이크로소프트였다. 가장 핵심기업이 투자의 포인트다.

그러면 2000년대 이후에는 어떤 기업이 있었나? 본격적인 웹의 시대가 왔고 웹의 시대는 검색엔진이 가지고 왔다. 가장 많이 트래픽이 일어나는 곳은 PC통신처럼 메뉴가 없었기 때문에 항상 어떤 웹사이트를 찾으려면 검색엔진을 통할 수밖에 없었다. 그곳이 구글과 네이버다. 2000년대 구글과 네이버의 주가를 보면 어떤가? 구글은 야후를 제치고 세계시장 점유율 1위에 올랐다. 2004년 50달러였고 현재는 820달러로 16배가 뛰었다. 네이버는 야후를 제치고 국내시장 1위에 올랐다. 주가는 8000원대였고 지금은 77만 원이다. 한때 88만 원까지 갔으니 100배가 올랐다.

그럼 어떤 주식에 투자했어야 하는가? 2000년대 초반인 상황이라면 당연히 구글에 투자를 했어야 했다. 위의 마이크로소프트, 삼성전자와 같다. 네이버는 국내시장 1위에 올랐지만 언제 2위로 떨어질지 몰랐고 엠파스, 프리챌처럼 망할 수도 있는 상황이었다. 다만 애국심이 투자를 누른다면 일부 네이버에 투자할 수도 있을 것이다. 분산투자하면 된다. 그러나 투자의 세계에서는 애국심을 접어두고 냉정히 세계인의 입장에서 가장 트래픽이 많이 나는 곳에 투자해야 한다.

2007년도에는 애플의 스티브 잡스가 스마트폰을 발표하면서 모바일 시대가 도래했다. 애플은 스마트폰을 만들어냈고 애플의 스마트폰은 세계를 바꾸었다. 현재 우리는 어디에 투자를 해야 하는가? 모바일 시대를 지나 사물인터넷 시대인 4차 산업혁명의 시대가 다가오고 있다. 어느 곳이 세계시장 점유율 1등인지를 찾아야 하지만, 먼저 '4차 산업혁명이 무엇인가?'에 대한 답부터 풀어야 한다. 그래야 10년 이상을 투자할 수 있다. 지금 세계시장 점유율 1등에 투자하더라도 결코 늦지 않다. 강력한 증거를 바탕으로 하기에 매우 안전한 투자가 될 것이다.

다가올 미래의 시장에서
트래픽이 걸리는 기업에 투자하라

트래픽이란 전신, 전화 등의 통신 시설에서 통신의 흐름을 지칭하는 말이다. 트래픽이 폭주한다는 것은 한 곳에 통신의 흐름이 몰려 과부하가 일어난다는 의미다. 홈페이지에 접속자가 폭주하여 서버에 과부하가 걸리면 다운이 되거나, 명절에 고속도로가 병목현상으로 막히는 현상이 트래픽과 유사한 경우다.

투자에서 트래픽 현상은 곧 돈을 버는 상황으로 발전한다. 예를 들어 음반이 잘 팔리면 가수도 돈을 벌지만 음원을 유통하는 회사가 꾸준히 돈을 번다. 음원의 유통과정은 가수음반제작사, 엔터테인먼트사 등 포함 → 음원유통회사 → 소비자의 순서로 이어진다. 여기서 잘 보면 가수와 소비자는 다수이고 음원유통회사는 과점의 3,4개 기업이 독과점하고 있는 형태다. 다수의 가수는 음원유통회사에 음원을 공급하고 다수의 소비자는 음원유통회사에서 인기나 취향, 순위에 따라 음원을 소비한다. 그런데 트래픽이 걸리는 곳이 하나 있다. 바로 음원유통회사다. 음원유통회사에 여러 사람과 회사가 몰리며 병목현상이 발생한다는 것이다.

이렇게 되면 음원유통회사는 적은 마진만 붙여도 수많은 가수들이 음원을 유통하고 소비자들이 소비하기 때문에 큰돈을 벌 수 있다. 그러니 음원유통회사가 트래픽이 걸리는 곳임을 한눈에 알 수 있다.

라면을 1인당 76개 먹는 한국은 1인당 소비량에서 1위다. 그런데 라면의 종류는 수없이 많다. 우리는 흔히 다수의 라면 공급회사와 다수의 소비자가 만나는 완전경쟁시장으로 볼 것이다. 그러나 자세히 보면 라면은 많지만 라면을 만드는 회사는 기껏해야 4개 정도에 불과하다는 사실을 알게 된다. 오뚜기, 삼양, 농심, 팔도 등에서 여러 가지 라면을 생산한다. 다수의 소비자가 소수의 라면회사가 만든 라면을 사먹기 때문에 4개의 라면회사는 트래픽이 일어날 수밖에 없다. 트래픽이 걸리면 돈을 버는 것을 넘어 잘 망하지 않는다는 이점이 있다.

라면회사는 왜 이렇게 많은 종류의 라면을 만들까? 잠재적인 신규 경쟁자를 물리치기 위해서다. 만약 라면회사들이 농심은 신라면, 삼양은 삼양라면, 오뚜기는 진라면, 팔도는 비빔면만 만든다면 어떨까? 라면의 종류는 딱 4개로 압축되고, 대형마트 진열장에 4개의 라면만이 줄줄이 꽂혀있는 상황을 보게 될 것이다. 그리고 4개 라면회사가 매운맛만 만든다고 가정해보자. 그런데 신규 경쟁자가 시장에 뛰어들었다. 순한맛 라면을 들고 나왔다면 어떻게 될까? 눈에 확 띄지 않을까? 어쩌면 라면시장의 판도를 바꿀 수도 있지 않을까?

그래서 주요 라면회사는 몇백 개 종류의 라면을 만들어 유통시킴으로써 신규경쟁자가 들어온다 하더라도 대형마트의 저 구석에서 먼지만 쌓이다가 퇴출되는 시나리오를 만들어 놨다.

그러나 트래픽이 몰리지 않으면 어려워진다. 지상파 3사의 드라마 시청률이 60%가 넘을 때도 있었다. 시청률이 20%에 머물면 망한 드라마라는 얘기를 들었다고 한다. 당시에는 지상파 3사밖에 없었으니 3사를 3으로 나누면 33% 아닌가? 그러니 평균 이하의 시청률이 20%라는 것이다. 그런데 지금은 채널 수가 100개를 훌쩍 넘는다. 과거처럼 지상파 3사에 시청률이 쏠리지 않는다. 그러면서 지상파3사의 광고가 떨어져 어려워지고 있다.

전 세계인은 모바일게임을 다운로드 받으려면 구글플레이스토어나 애플의 앱스토어에 접속한다. 이들은 앱시장에서 좌판을 깔아놓고 올리는 사람, 내려받는 사람들을 상대로 구전을 뗀다. 엄청난 트래픽이다.

프랑스의 에어버스와 미국의 보잉은 전 세계 항공회사를 상대로 비행기를 판매한다. 전 세계 항공기는 대부분 이 두 회사에서 만든다. 최근 중국이 민간항공기를 만들었지만 아직은 보잉과 에어버스에 대적하기 힘들다. 가공할 만한 트래픽이다.

투자자는 트래픽에 관심을 갖고, 이미 포화상태가 된 시장이 아닌, 다가올 미래의 시장에서 트래픽이 걸리는 기업에 투자해야 한다.

경쟁기업은 버려라,
그리고 독점기업에 투자하라

경제학원론에 항상 나오는 개념이 있다. 독과점시장과 완전경쟁시장이다. 독과점시장은 하나 혹은 2,3개의 기업이 그 시장을 지배하는 형태다. 철도, 전력, 통신 등이 이에 해당한다. 기술장벽이 높거나 후발업체와 시설 차이가 커서 진입장벽이 높은 시장이다. 신규업체가 들어가기 매우 까다로운 구조다.

완전경쟁시장은 경쟁이 극에 달한 시장이다. 기술이나 시설의 차별화가 어렵고, 비슷한 제품을 여러 회사가 만들기 때문에 가격차별화 외에는 차별성을 두기가 어렵다. 따라서 신규업체가 들어와 언제든지 기존의 1위 업체를 무너뜨리고 시장점유율을 높여 1위가 될 수도 있는 시장이다. 동네미용실, 음식점, 치킨집 등이 이에 해당한다. 좀 더 크게 보면 휴대폰 완성품 시장도 완전경쟁시장이다. 얼마 전까지 삼성, 애플이 양분하던 시장에서 이제는 중국업체의 점유율이 더 높아졌다.

독점시장은 자본주의와는 배치되는 개념이다. 자본주의는 자유경쟁을 통해 시장의 효율성을 높인다. 그런데도 자본주의에 독점시장이 의외로 많다. 독점시장임이 알려지면 그들은 견제, 조사, 감시를 당한다.

미국의 셔먼법은 록펠러의 스탠더드오일이 미국의 석유시장을 거의 독점하면서 만들어진 법이다. 결국은 스탠더드오일을 공중분해 시켰다.

그렇다면 완전경쟁시장의 기업들은 어떻게 광고를 할까? 자신들이 마치 시장을 독점하고 있으며, 점유율 1위라고 거짓말을 한다.

독점시장과 완전자유경쟁시장의 기업 중 어떤 기업들이 돈을 벌까? 당연히 독점시장의 기업들이다. 완전자유경쟁시장의 기업들은 차별화가 안 되니 가격차별화를 시도하다가 마진을 줄이는 통해 망하게 된다. 우리나라의 자영업이 망하는 구조이기도 하다.

그러면 독점기업과 완전자유경쟁시장의 기업은 역사적으로 볼 때 어떤 기업일까? 1차 산업혁명 때 방직기, 방적기를 만드는 기업은 큰 돈을 벌지 못했다. 마진의 대부분을 양모를 공급하는 지주가 가져갔기 때문이다. 그런데 영국정부에서는 양모업자의 편을 들어 독점을 만들어 줬다. 양모는 수입할 수 없고 영국정부에서만 공급할 수 있도록 했기 때문이다. 그러면서 가격결정권을 쥔 양모업자는 방적기, 방직기 업자에게 더 높은 가격을 제시하고 그 결정을 따르지 않으면 공급하지 않는 식으로 가격을 올렸다. 그러면서 양모업자는 엄청난 돈을 벌 수 있었다. 양모업자는 독점기업이고 방직기, 방적기 업자는 완전자유 경쟁시장 기업이다.

2차 산업혁명 때 포드는 자동차를 대량생산했고 이를 통해 부를 거머쥐었다. 그러나 진짜 돈을 많이 번 기업은 포드가 아니라, 그 이면 에 있었던 록펠러의 스탠다드오일이다. 자동차 회사는 GM을 비롯해 우후죽순으로 늘어나는 데 비해 록펠러는 인수합병을 통해 경쟁자를 인수했고 독점적 기업으로 커나갔다. 결과는 완전자유경쟁시장의 기 업이 시장을 넓혀 놓으며 석유가 더 필요하게 되었고 록펠러는 그 넓 어진 수요를 몽땅 먹어치우며 자신의 독점기업을 통해 엄청난 부를 누렸다. 결국 쪼개지긴 했어도 그 쪼개진 회사들이 록펠러의 자회사 임을 세상 사람들은 다 안다.

3차 산업혁명 때 IBM은 마이크로소프트에서 운영체계인 DOS를 의뢰했고 마이크로소프트는 DOS를 사서 IBM에 공급했다. IBM은 상 대적으로 우수했던 애플의 폐쇄적인 iOS에 대적하여 오픈소스정책오 픈소스 소프트웨어, OSS라고도 한다. 소프트웨어의 설계도에 해당하는 소스코드를 인터넷 등 을 통하여 무상으로 공개하여 누구나 그 소프트웨어를 개량하고, 이것을 재배포할 수 있도록 하는 것 또는 그런 소프트웨어를 말한다. 출처: 두산백과을 하며 시장을 넓혔다. 그 결과 델, HP, 삼성 등 경쟁업체들이 늘어나 가격으로 인한 출혈경쟁에 불이 붙었고, 그 결과 시장이 넓어졌으나 컴퓨터를 만드는 완성품 업 체는 돈을 벌지 못했고 넓어진 시장에서 유유히 독점적 OS를 공급한 마이크로소프트만이 돈을 다 벌었다.

마이크로소프트는 인터넷익스플로러를 윈도우에 기본 탑재하면서 넷스케이프 같은 회사를 고사시켰고 독점이익을 누렸다. 그래서 마이크로소프트의 빌 게이츠 회장이 독점적인 사업 덕분에 세계1위의 갑부가 된 것이 아닌가?

웹혁명과 모바일 혁명의 강자는 누구일까? 구글이다. 구글은 웹시장을 독점하며 수입의 95%를 검색으로 벌어들이고, 스마트폰 시장은 안드로이드를 통해 마치 마이크로소프트처럼 돈을 번다.

완전경쟁시장의 기업들은 하드웨어업체가 많다. 주로 광고를 통해 소비자와 친숙하다. 광고에 노출된 사람들은 이런 기업이 우수하다고 생각한다. 그러나 이들은 완전경쟁시장에 노출되어 경쟁기업과 치열한 가격경쟁을 펼치는 중이고 돈을 벌기는커녕 영업이익이 독점기업보다 턱없이 낮다. 그래서 이들은 광고를 통해 경쟁자들보다 내가 시장을 꽉 잡고 있다고 호소한다. 그러나 사실은 그렇지 않다. 인건비 때문에 중국이나 신흥국에서 주로 생산하며 이들의 역할은 시장을 넓히는 역할만 할 뿐, 잠시 한눈이라도 팔면 벼랑으로 떨어져 한순간에 몰락한다. 마치 노키아, 모토로라, 코닥 같은 기업들처럼 말이다.

독점시장의 기업들의 특징으로, IT에서는 소프트웨어업체들이 많다. 물론 중소 소프트웨어가 아닌 플랫폼 기업들이다. 마이크로소프트, 구글이 대표적이다. 이들은 광고조차 하지 않는다. 광고를 굳이 할 필요가 없기 때문이다. 다들 이 제품을 쓰고 있는데 왜 광고가 필요 없을까? 하드웨어업체들이 넓혀놓은 시장에 좌판을 단독으로 깔고 장사를 하고 있기 때문이다.

이들은 그 시장을 통해 상상을 초월하는 이득을 취하고 있으며 오히려 독점기업이 아니라고 항변한다. 한순간에 망할 가능성이 거의 없으며, 다른 플랫폼으로 전환하는 시점에서 적응하지 못할 때까지 엄청난 지대소득_{한정된 토지를 빌려주고 꾸준하게 수익을 거두는 방식}을 거둔다.

이들은 막강한 자본력을 바탕으로 경쟁자를 인수합병하고, 시장지위를 이용해 말려 죽이는 전략을 취한다. 스스로 독점이 아니라고 항변하지만 독점적 지위를 누리며 시장을 지배한다.

하드웨어기업 중에서도 독점시장에 있는 기업이 있다. 바로 소재기업이다. 이들은 컴퓨터와 같은 하드웨어업체가 늘려놓은 시장에서 소프트웨어 기업처럼 활동한다. 인텔이 CPU를 공급하고 메모리는 삼성, 그래픽카드는 엔비디아. 소재시장의 1위는 소프트웨어기업처럼 독점적 지위를 누린다.

자본주의가 완전경쟁시장이라고 착각하면 안 된다. 대부분의 자본주의 기업들은 독과점기업이고 투자를 하려면 소비자의 눈 밖에 있는 이면을 봐야 한다. 독과점기업은 광고를 하지 않기에 소비자의 눈에 띄지 않지만 독점적 지대소득을 거두는 안정적인 기업이다.

수족은 잘라내고,
자신이 1등임을 애써 감추는 머리에 투자하라

"수족에 투자하지 말고 머리에 투자하라"는 의미는 꼭 필요한 기업에 대한 투자의 중요성을 강조한 말이다. 대체가 가능한 기업은 '도박'과 같다. 말 그대로 언제든지 다른 기업으로 시장의 지위가 대체될 수 있기 때문이다.

머리는 독과점기업이며, 수족은 경쟁기업이다. 컴퓨터시장을 예로 들면 머리에 해당하는 기업은 운영체제를 파는 마이크로소프트나 핵심 소재를 파는 인텔 등이다. 반면 수족은 수많은 컴퓨터 제조업체로 HP, IBM, DELL, 삼성, 삼보컴퓨터 등이다.

수족은 시장을 넓히는 역할을 하고 저가 출혈경쟁을 한다. 그러면서 시장을 크게 넓혀 놓는다. 나보다 저가로 파는 기업이나 나라가 나오면 그들에게 자리를 물려주고 사라진다. 즉 완제품 시장에서의 경쟁이다.

반면 머리는 수족이 넓혀놓은 시장을 독과점하는 마이크로소프트, 인텔 같은 기업이다. 이들은 수족이 치킨게임을 해서 가격을 더 낮추고 더 비싼 제품을 사도록 유도한다. 앞서 얘기한대로 이들은 광고도 하지 않으며 오히려 누군가 자신이 1등이라는 사실을 알까봐 두려워한다. 수족기업들이 서로 1등이라며 광고비를 과다지출하면서 시장을 넓히고, 서로 물고물리는 시장 점유율 싸움을 하는 동안, 그들은 가만히 앉아서 현금을 거둬들이는 게임에만 열중한다.

역사 속으로 사라진 대표적인 수족기업은 노키아와 모토로라다. 그들은 공룡처럼 덩치가 큰 기업이었지만 사실은 광고비와 저가 출혈경쟁에 시달려야 하는 수족기업이었다.

수족기업은 브랜드 구축에 힘을 쓴다. 애플처럼 되려는 꿈을 꾼다. 그러나 애플은 수족기업이기도 하면서 머리기업이기도 하다. iOS를 가지고 있기 때문이다. 물론 삼성도 수족기업이다. 그러나 낸드플래시나 메모리는 머리다.

알쏭달쏭한 수족기업은 어디일까? 드론의 이항, 전기차의 테슬라, 패러데이퓨처스 같은 기업들이다.

시야를 더 넓혀보자. 여행사는 수족기업일까? 그렇다. 대표적인 수족기업이다. 완전경쟁시장에 가까운 수족기업이다. 지금은 온라인 여행사, 온라인 항공권 취급 사이트 등 때문에 동네 미용실과 비슷한 처지까지 내몰렸다. 매년 영업이익이 떨어지는 추세다. 노인들이야 패키지여행을 가겠지만 그마저도 점차 줄어들 것이다. 그러니 대표적인 수족기업이다.

항공사는 어떨까? 대한항공, 아시아나 항공 등도 수족기업이다. 중동에 밀리고, 저가 항공사에 밀리며 고전을 면치 못하고 있다.

'여행'이라는 테마에 있어서 머리는 누구인가? 바로 항공기 제작사다. 트럼프는 자신이 대통령이 되면 중국에 45%의 관세를 매긴다고 했다. 그렇다면 중국은 가만있겠는가? 중국도 반격의 카드가 있다. 핵폭탄과 같은 카드는 3조 달러나 되는 미국국채를 시장에 내다 파는 일이지만, 그런 짓을 할 리 없다. 자신도 크나큰 손해를 보기 때문이다. 그러니 소심하지만 미국의 보잉사 비행기를 사주지 않는다는 복수다.

중국이 애초 계획한 보잉사 주문량은 2033년까지 6020대로 급증이 예상된다. 대당 가격이 1000억원이 넘는다. 총 600조에 이르는 엄청난 금액이다. 트럼프가 45% 관세를 중국에 매기면 중국은 비행기를 다른 곳에서 사겠다고 엄포를 놓았다. 다른 곳이라고 해봐야 딱 한 곳이다. 바로 프랑스의 에어버스다. 에어버스의 주가를 살펴보자.

꾸준히 우상향하는 모습이다. 그런데 보잉의 주가도 우상향이다. 세계의 여행객 유커의 수요가 항공사 주가를 끌어올리고 있다. 항공사나 여행사 등은 수족인 데 비해 항공사는 머리다. 완제품을 팔면서도 머리인 경우로, 항공기는 기술 진입장벽이 높아 이 단 두 개의 회사가 과점하고 있는 형태이다.

Airbus SE
EPA: AIR - 6월 14일 오후 5:35 GMT+2
75.13 EUR ↑0.53 (0.71%)

| 1일 | 5일 | 1개월 | 3개월 | 1년 | 5년 | 최대 |

시가 74.96	시가총액 581.86억
최고 75.85	주가수익률 48.71
최저 74.84	배당수익률 1.80%

그러나 진짜 머리는 따로 있다. 바로 GE다. GE는 항공기의 심장인 엔진을 만든다. GE는 시가총액이 무려 세계8위다. 보잉, 에어버스는 게임도 되지 않는다. 그런데 GE를 소프트웨어 회사라고 한다. GE의 회장 제프리 이멜트는 "GE 생존열쇠는 산업인터넷… 5년 내 세계 10대 SW사 될 것"이라는 인터뷰한 바 있다. GE는 에디슨이 만든 100년도 더 된 기업이다. 그런데 GE가 10대 소프트웨어 회사가 된다고 한다. 그 비밀은 빅데이터에 있다.

제프리 이멜트는 이렇게 얘기했다. "GE는 10년 후에도 항공기 엔진, 가스터빈을 만드는 뛰어난 제조업체이다. 그러나 제조업으로는 앞으

Boeing Co
NYSE: BA - 2월 17일 오후 7:53 GMT-5

172.71 USD ↑1.90 (1.11%)
폐장 후 거래: 172.76 ↑0.05 (0.03%)

| 1일 | 5일 | 1개월 | 3개월 | 1년 | 5년 | 최대 |

시가	170.41	
최고	173.25	
최저	170.40	

시가총액	1067.25억	
주가수익률	22.55	
배당수익률	3.29%	

로 세상에서 살아남지 못한다. 그러니 빅데이터를 잘 활용하는 소프트웨어기업이 되어야 한다." 그리고 가전부문을 중국의 하이얼에 팔아버렸다.

빅데이터를 활용한다는 뜻은 무엇일까? 예를 들면 항공기 엔진에 수많은 센서를 달아놓는다. 그리고 GE의 빅데이터 센터에서 이 센서가 달려있는 세계의 항공기 엔진을 모두 모니터링한다. 그러다가 이 센서가 이상 신호를 보내면 GE의 엔지니어를 그 비행기가 내리는 공항에 파견해서 고쳐준다. 그러면 항공사는 고장이 난 다음 GE를 부르는 것이 아니라 고장이 나기 전에 미리 GE가 와서 고쳐주니 얼마나 GE를 신뢰하겠는가? 그래서 항공기 엔진 2위 회사인 롤스로이스가

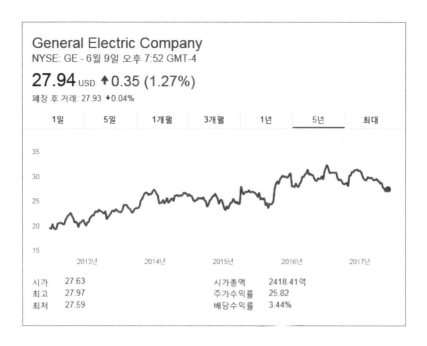

General Electric Company
NYSE: GE - 6월 9일 오후 7:52 GMT-4

27.94 USD ↑0.35 (1.27%)
폐장 후 거래: 27.93 ↓0.04%

| 1일 | 5일 | 1개월 | 3개월 | 1년 | 5년 | 최대 |

시가	27.63		시가총액	2418.41억
최고	27.97		주가수익률	25.82
최저	27.59		배당수익률	3.44%

항공기엔진을 30% 다운시켜 준다고 해도 비행기 제조사들이나 항공사들은 그 엔진을 선택하지 않는다. 이것이 GE의 빅데이터를 활용한 소프트웨어 기업으로의 전환이다. 물론 항공기에 달려 있는 엔진센서로 인해 항공기의 거리, 위치, 시간당 고장률 등 어마어마한 데이터를 모아서 쌓아놓고 연구개발에 힘쓰고 있다.

기사에 나온 내용 중 적절한 예가 또 있다. 사우스웨스트항공은 GE의 산업인터넷 소프트웨어를 이용해 온도와 습도, 풍향 풍속, 비행기 무게, 각 비행장 사정 등 다양한 변수를 고려한 최적의 비행 시간표를 산출한다. 사우스웨스트항공은 이 시스템을 활용해 1억달러어치의 항공유를 절감했다고 최근 밝혔다.

그러니 GE가 여행이라는 테마에 최종 머리인 셈이다. GE의 주가를 보자.

우상향이지만 상승 각도는 항공기 제조업체에 미치지 못하는 상황이다. 하지만 향후 중국이 여행객을 외국으로 보내는 만큼 주가는 더 뛰게 되어 있다. 그런데 사람들은 머리에 집중하지 않고 이항의 드론, 테슬라, 스마트폰 삼성전자낸드플래시 제외, 애플iOS 제외 등 수족기업에 주목한다. 삼성전자 주가가 오르는 이유는 스마트폰 때문이 아니라 낸드플래시 때문이고, 애플도 스마트폰을 통한 생태계 때문에 세계1위 기업이 된 것이다. 그러나 애플은 스티브 잡스가 죽고 심각한 혁신 부재에 시달리며 영업이익의 하락을 겪고 있다.

요약하면, 완제품 회사인 수족기업은 시장을 넓히고 더 싸게 더 좋게 만드는 저가의 회사들에게 그 자리를 넘기고 사라질 수밖에 없다. 그러니 그 뒤에 숨어있는 머리 기업을 찾아 투자해야 한다.

불안한 수족기업과
안전한 머리기업 구분하기

수족기업과 머리기업을 구분해보자.

	수족기업	머리기업
시장형태	완전경쟁시장	독점시장
경쟁기업	수없이 많음	1개 혹은 2,3개
인건비	인건비 비중이 높음	인건비 비중이 낮음
시장기여도	시장이 넓어지면 부정적(경쟁자들)	시장이 넓어지면 안정적 (매출 안정)
진입장벽	없음	높음
광고	많이 함	거의 안 함
1등에 대한 가치관	1등이 아니면서 1등이라고 함	1등이면서 아니라고 함
브랜드전략	필요함	거의 필요 없음
소비자	잘 알고 있음	모르고 있음
대체여부	대체 가능	대체 불가능
제품	완제품 시장	소재, 플랫폼 시장
예	스마트폰, 자동차, 드론, 학원, 미용실 등	철도, 반도체, 안드로이드 등

사실 머리기업은 뼈대기업과 혈관기업 그리고 머리기업으로 나뉜다. 그러나 여기서는 머리기업으로만 나눠보자수족기업, 뼈대기업, 혈관기업, 머리기 업은 내가 만든 말이니 애써 서적을 뒤질 필요는 없다.

수족기업은 완전경쟁시장이다. 즉 레드오션에서 경쟁자 들과 혈투를 벌이는 중이다. 어제 1등이라 하더라도 치고 올라오는 경쟁자들 때문에 오늘도 밤잠을 설친다. 스마트 폰, 철강, 조선 등 완제품시장들이다. 머리기업은 독점시장 이다. 이미 기술과 비용 면의 장벽이 너무 커서 경쟁자들 이 들어올 수 없다. 철도, 통신회사 등이다.

그러면 수족기업과 머리기업 2개뿐일까? 아니다. 애플과 같은 기업 은 수족인 스마트폰도 만들고 머리인 iOS도 만든다. iOS와 앱스토어 를 운영해 막대한 수입을 올린다. 삼성도 스마트폰을 만드는 것은 수 족기업이자, 소재낸드플래시, 메모리를 만드는 머리기업이다.

이들이 머리와 수족을 동시에 만드는 이유는, 머리만 있어서는 불 안하기 때문이다. 예를 들어 삼성전자의 메모리 반도체가 있는데 전 세계 모든 스마트폰 회사들이 삼성이 아닌 SK하이닉스의 메모리만 산 다면 어떻게 될까? 삼성이 단번에 무너지지 않을까? 그래서 삼성은 항 상 다른 기업에 의존하지 않고 안정적인 물량을 공급할 곳을 자신이 만드는 경향이 있다. 앞으로 삼성은 자동차 전장이 세계적으로 커나 갈 시장이라 생각하고 공격적인 행보를 하고 있다.

수족기업은 인건비 비중이 높으며, 아낄 수 있는 비용도 인건비뿐이다. 스마트폰의 경우, 안드로이드와 소재는 이미 가격이 정해져 있다. 수족기업은 이들을 조립해서 팔아야 하는데 아낄 수 있는 것은 인건비다. 그러니 인건비가 싼 곳에서 치고 올라오면 기존의 강자들은 무너질 수밖에 없다. 가성비라고도 하는데, 가격 대비 성능비가 좋으면 기존의 강자는 무너진다.

그래서 수족기업은 사활을 걸고 광고에 매달리는데, 어느 순간 개별 상품이 아닌 자신의 회사를 PR하면 더 큰 홍보효과가 있다는 사실을 알게 되었다. 제품은 수명이 지나면 잊히지만, 브랜드 인지도가 올라가면 소비자의 만족도가 커진다는 것을 알았다. 그래서 브랜드 전략을 편다.

1970년대 일본의 퀴츠 시계가 나와서 가성비가 높아졌다. 가격은 싸고 시계의 본질인 시간이 기계식의 스위스 시계보다 훨씬 더 정확해진 것이다. 그러니 스위스 시계 제조업체들은 정확한 시계라는 시계의 본질을 찾으려다가는 소비자의 외면을 받는다는 사실을 깨달았다. 그래서 일본의 시계가 갖지 못한 명품이라는 이미지를 덧씌워 브랜드를 소비자의 머리에 각인시켰다. 그 결과 스위스 시계는 개별 상품보다는 회사의 상호를 PR하기 시작했고 위기를 넘길 수 있었다.

그래서 완제품이며 완전경쟁시장에서 기술력으로도 비용으로도 차별화를 줄 수 없을 때 그들이 쓰는 전략이 브랜드 전략이다. 그러나 브랜드 전략은 대부분 실패한다. 더 싸고 더 좋은 제품이 나오면 기존의 강자는 무너진다. 특히 명품이라는 이미지를 덧씌울 수 없는 가전,

전자제품 등은 더 그렇다. 애플도 애플워치를 내놓으면서 명품이라는 이미지를 덧씌우고 싶었으나 결국 실패하고 말았다.

소비자의 인지도를 보자. 삼성전자는 몰라도 갤럭시는 안다. 그러나 소비자가 오라클이라는 회사를 알까? 이름은 들어봤으나 무슨 회사인지 잘 모른다. 오라클Oracle Corporation은 미국 캘리포니아 주에 본사를 둔 매출 규모 세계 2위의 소프트웨어 회사이다. 이 회사의 대표적인 제품인 데이터베이스 제품, 오라클 DBMS는 세계 최고의 점유율을 차지하고 있다.

KTX, 새마을호, 무궁화호를 운행하는 코레일이 자신의 회사를 홍보하는가? 그러지 않아도 사람들은 잘 안다. 선택의 여지없이 코레일 기차를 타야 하기 때문이다. 그러니 소비자의 인지도는 완전경쟁시장에서 더 뚜렷하다. 내가 회사의 이름을 잘 안다면 그 회사는 이미 완전경쟁시장에 노출되어 있다고 보면 된다.

뽀로로를 만드는 오콘이라는 회사는 수족기업일까? 머리기업일까? 당연히 수족기업이다. 뽀로로는 독점적으로 오콘이라는 회사가 만들지만 오콘을 대체할 만한 라바, 터닝매카드, 미키마우스 등은 다른 회사에서 만든다. 그러니 수족기업은 독점적으로 만든다고 머리기업이 아니다. 대체할 만한 비슷한 제품을 다른 곳에서 제공할 수 있다면 그것은 머리기업이 아닌 수족기업이다.

수족기업은 주로 완제품을 만들어 낸다. 스마트폰, 전등, 마우스, 키보드, 책상 등 우리가 흔히 볼 수 있는 제품들이다. 그러나 스마트폰에 들어가는 메모리, 통신칩 등은 우리가 잘 알지 못하는 소재들이고 그것을 돌리는 안드로이드, iOS와 같은 경우는 머리기업이다.

또한 비행기 제조업체들은 드물게도 단 두 개의 회사보잉, 에어버스가 전 세계의 민간항공기 완제품을 만들면서 머리기업에 속하는 경우다. 그런데 만약 신규로 진입하는 비행기 제조업체가 있다면 아마도 치킨게임을 벌일 것이다. 즉 가격을 원가 이하로 팔면서 몇 년간 적자를 내게 해서 도산을 시킬 것이란 얘기다.

수족기업은 기업의 수명이 짧고 투자했을 때 항상 시장점유율을 보면서 마음을 졸여야 한다. 언제 뒤집힐지 모르니까 말이다. 그러나 머리기업은 기업의 수명이 길고 투자했을 때 시장점유율을 보면서 그리 마음을 졸일 필요가 없다. 슈퍼사이클초장기 호황을 가면 몇 십년간은 1등에서 떨어질 일이 없다. 분기별 시장점유율만 보면서 주식으로 저축을 할 수 있을 것이다.

그러니 장기 투자를 한다면 반드시 머리기업에 투자해야 한다.

　사람들은 삼성전자 주가를 보고 말한다. "너무 비싸서 이젠 못 사겠다." 2017년 6월 9일 종가 기준 삼성전자 주가는 2,305,000원이다. 한 주 사기도 버거워 보인다.

　반면 구글의 주가는 1,000달러를 돌파하며 주당 주가 천달러 클럽에 가입하였다. 이날의 달러 기준환율인 1125.00을 곱하면, 한화로 1,125,000원이다. 삼성전자의 반 토막이다.

　주당 가격만 놓고 보면 삼성전자가 비싸다. 하지만 사실은 그렇지 않다. 한 주당 가격과 시가총액의 개념을 혼동한 것이다. 여기에 그들이 발행한 모든 주식을 곱하면 시가총액이 나온다. 시가총액이 높아야 더 비싼 주식이다.

　예를 들어 A기업은 한 주당 100만 원짜리인 주식 한 주를 발행하면 시가총액은 100만 원이다. 그러나 B기업은 1주당 1만 원짜리인 주식을 1000주를 발행하면 시가총액은 1000만 원이다. 그러니 100만 원짜리 주가를 가지고 있는 A기업이 B기업보다 더 싸다.

　삼성전자는 총 139,207,080의 주식을 발행해서 현재 주가를 곱하면 시가총액이 나오는데 320,872,319,400,000원이 나온다. 대략 320조 원이다. 구글은 총 687,273,797의 주식을 발행해서 삼성전자보다 거의 6배 정도의 주식을 더 발행했다. 시가총액을 계산하면 한국돈으로 773,183,021,625,000원으로 약 770조 원 정도다. 이래도 삼성전자가 230만 원이니 구글보다 비싸다고 볼 수 있나?

결론은 액면가가 아닌 시가총액이 비싸야 비싼 주식이다. 아주 기본적인 개념이지만 잘 모르는 경우가 있어서 계산해 보았다.

제4차 산업혁명 시대,
누가 이기고 질 것인가?

세상은 부가가치가 높아지는 방향으로 나아간다. 부가가치가 높아지는 방향이란 어떤 방향인가? 이것은 정신적인 것보다는 물질적인 것이다. 즉 물질의 풍요가 커지는 방향으로 나아간다는 뜻이다. 인류는 그렇게 달려왔고 앞으로도 달려갈 것이다. 이것은 욕망과 직결되어 있다. 개인적 욕망이건 사회적 욕망이건 욕망이 커지는 쪽으로 가게 되어 있는 것이다.

1차 산업혁명은 욕구 불만을 해소하는 혁명이었다. 1차 산업혁명 이전의 시기는 여름옷을 입고 겨울에 얼어 죽는 사람들이 많았다. 의복의 혁명이었다. 그래서 방직기로부터 직물을 뽑아 많은 사람들을 겨울에 동사하지 않도록 만들어 주었고 그 혁명은 인류의 부가가치를 키워주는 혁명이었다. 분업이 시작되었고 인간은 물질의 풍요를 맛보기 시작했다. 산업혁명은 항상 이득을 얻는 자가 있으면 기득권을 빼앗기는 자가 생겨난다. 그래서 산업혁명 초기에는 기득권을 지키려는 자들의 반발이 있었다. 이득을 얻는 자는 방적기를 돌리는 산업자본과 식민지를 늘리는 제국주의자 그리고 양모를 방적기 기업에 납품하는 토지주였다. 기득권을 빼앗기는 자는 옷감을 집에서 만들던 가내수공업자들이었다. 기득권을 빼앗기는 자는 이에 반발해 기계파괴운동러다이트 운동을 일으키기도 한다. 그러나 그러한 일로 한번 지나간 시계바늘을 되돌릴 수 없다. 기득권을 얻은 자 부자가 되고 기득권을 빼앗긴 자 빈자가 되었다. 가내수공업자는 도시 노동자로 전락했고 늘어난 잉여모직물을 수입해야 하는 인도나 조선과 같은 식민지 국가는 피해자가 되었다. 이긴 것은 자본가이고 진 것은 경쟁에서 밀려난 가내수공업자이다. 모두 다 행복할 수 없지만 인류 전체의 삶에서 보면 부가가치가 높아지는 방향으로 간 것이다.

2차 산업혁명은 대량생산 대량소비로 모든 물질이 풍요로워지는 사회로 만들었다. 넘쳐나는 통조림은 만들면 만드는 대로 팔렸고 자동차도 마찬가지였다. 전기로 인한 기계혁명으로 통칭되는 제2산업혁명은 대량생산 대량소비로 절정을 이룬다. 그러다 1929년 대공황을 맞았고 그러나 세계대전을 통해 다시 대량생산 대량소비의 시대를 누리게 된다. 이 당시 누가 부자가 되었고 누가 기득권을 빼앗기고 가난한 자가 되었는가? 이 혁명은 기계혁명이다. 기계혁명은 인간으로부터 노동을 빼앗아간 대신 기계를 조종하는 기술자들이 생겨났다.

기계 조종하는 기술자는 현재까지 그 기술을 이어오고 있다. 예를 들면 운전기사는 육체노동자인가? 정신노동자인가? 사람들은 육체노동자라 생각하지만 이는 잘못 짚었다. 정신노동자이다. 만약 운전기사를 육체노동자라 한다면 비행기를 모는 기장도 육체노동자가 된다.

그렇다면 타자기로 타이핑을 치는 타이프리스트는 육체노동자인가? 정신노동자인가? 정신노동자이다. 육체노동자라면 소설을 쓰는 소설가도 육체노동자가 된다. 2차 산업혁명의 가장 큰 특징은 인간으로부터 노동을 빼앗아 갔다는 데 있다. 아무 생각 없이 할 수 있는 것이 육체노동이다. 예를 들면 밭을 갈려고 삽질하는 행위는 육체노동이다. 그것은 소와 같은 동물로 대체되었고 산업혁명이 터지자 기계인 트랙터로 바뀌었다. 사람은 트랙터를 모는 정신노동자가 되었다. 등짐을 지고 물건을 옮기는 행위는 어떠한가? 시골에 가면 지게라는 도구를 이용하여 나무를 산에서 베어다 지고 내려오는 행위를 육체노동이라 한다. 그러한 행위는 기차라는 기계로 대체되었다. 기차는 가벼운 물건부터 엄청나게 무거운 물건을 이동시키는 수단이다. 사람은 기차를 몰고 물건을 옮기는 기관사가 되어 정신노동자가 되었다. 정신노동자의 특징은 무엇인가? 학원이나 학교를 다니며 기계를 잘 조종할 수 있는 교육을 받고 그것을 사용하여 부가가치를 올리는 것이다. 여기서 이득을 본 자는 누구이고 손해를 본 자는 누구인가? 포드는 대량생산 시스템을 통해 모델 T를 찍어냈다. 자본가는 노동자의 노동을 기계로 대체해서 큰돈을 벌었다. 이에 반해 기계로 인해 밀려나고 새로운 교육을 받지 못한 육체노동자는 소외계층이 되었다. 이긴 것은 자본가이고 진 것은 노동자이다. 모두 다 행복할 수 없지만 인류 전체로 보면 부가가치가 늘어나는 방향으로 가고 있었다.

제3차 산업혁명이다.

3차 산업혁명의 특징은 컴퓨터로 인한 적격생산과 그로 인한 정보화 혁명이다. 2차 산업혁명이 벽에 부딪친 것은 대량생산, 대량소비라는 공식이 깨진 것이다. 끝없이 쏟아져 나오는 씨레이션, 비레이션과 같은 통조림은 우리를 먹을 것으로부터의 빈곤은 구해냈지만 인간의 취향이라는 개성은 존중받지 못했다.

그러다 통조림을 만드는 기업, 자동차를 만드는 기업이 많아지자 아무리 물건을 만들어내도 물건이 팔리지 않는 일이 벌어졌다. 그러자 가격을 싸게만 만들던 기업은 딜레마에 빠진다. 어떻게 하면 물건을 소비자에게 팔아먹을 것인지 고민하게 된다. 이에 대한 대안은 광고를 통한 소비자의 욕구를 끌어내는 것이었다. 그리고 소비자의 취향을 알아내서 그들의 욕구를 충족시키는 것이 기업생존의 기로였다. 그러려면 유행에 민감해야 하고 대량생산이 아닌 소량 다품종 생산과 유행에 맞게 스피디한 생산이 필수였다. 이것은 지금도 진행되고 있는 3차 산업혁명의 정보화혁명이다.

컴퓨터, 인터넷을 통해 소비자의 니즈를 잘 알아내는 것이 기업의 성패를 가르는 데 기여한다. 이것을 제일 잘한 기업은 구글과 네이버와 같은 인터넷 포털이다. 구글은 적격 광고를 시작하는데 그것은 사람들이 찾는 것을 광고와 연결시켜 주는 것이다. 예를 들면 구글의 메인화면을 보면 아무것도 없고 달랑 서치엔진 하나만 나와 있다. 그런데 구글은 99%를 이 서치엔진으로 번다고 한다.

어떻게 돈을 벌까? 예를 들어 꽃배달이라는 단어를 사용자가 구글의 검색창에 쳤다고 하자. 그러면 페이지가 넘어가며 꽃배달이라는 키워드로 각종 웹페이지와 뉴스를 찾고 인터넷에서 볼 수 있는 각종의 정보를 띄워준다. 그중 눈에 띄는 것은 맨 앞 페이지의 상단이다. 그곳엔 구글에 미리 꽃배달이라는 단어를 치면 클릭횟수 대비 얼마의 돈을 내겠다는 협의를 한 광고주들의 광고가 떠 있다. 그러니 이것저것 찾기 귀찮은 사람들은 맨 윗단부터 클릭하게 되어 있다. 구글은 이런 광고전략 말고도 기업 맞춤전략을 펴는데 그것이 데이터를 통한 유저의 취향을 알아내는 전략이다.

구글트렌드는 그렇게 수집한 개인의 정보를 보여준 극도의 결정판이라 할 수 있다. 구글트렌드는 사람들이 사전에 성별, 나이, 지역 등의 개인정보를 노출하도록 하고 그들이 찾는 키워드로 그들이 어떤 취향인지를 알아내는 전략의 결정판인 것이다. 예를 들면 지난 미국 대선에서 트럼프가 힐러리를 이겼는데, 모든 언론에서는 힐러리가 대통령이 될 확률이 높다고 얘기했지만 결국 구글트렌드가 트럼프의 승리를 예견했다. 이러한 광고 전략은 구글을 세계시가총액 2위의 기업으로 만들었고 이익도 천문학적으로 늘고 있다.

이긴 자는 누구이고 진 자는 누구인가? 이긴 자는 IT기업이고 진 자는 석유를 비롯한 에너지 기업이다. 2013년에는 전부 에너지기업과 자동차 기업이 시가총액 1위부터 10위까지 차지했던 데 반해 현재는 1위부터 10위 중 에너지기업은 엑손모빌 하나밖에 없으며 나머지는 거의 IT기업들이 약진했다. 컴퓨터를 다룰 줄 아는 자는 이겼고 컴퓨터를 모르고 사용할 줄 모르는 자는 패했다.

4차 산업혁명의 시대가 온다. 누가 이기고 누가 질 것인가? 이기는 자는 AI를 가진 자이고 진자는 AI를 갖지 못한 자이다. 그 결과 똑똑한 AI는 인간의 지식노동자들을 몰락시키고 오프라인 업체들을 하청업체로 종속시킬 것이다.

첫째, AI는 어떻게 인간의 지식노동자들을 몰락시킬 것인가?

AI는 똑똑하다. 그렇다면 왜 똑똑한가? 머신러닝을 하기 때문이다. 머신러닝의 핵심은 무엇인가? 많은 정보다. 많은 정보를 가지고 기계학습을 통해 똑똑해지는 것이다. 예를 들면 알파고가 인간이 둔 기보棋譜, 장기나 바둑의 대국 수순을 기록한 것를 가지고 그것을 분석해 인간보다 바둑을 잘 두게 되는 것이다. 알파고가 똑똑해지려면 데이터가 필요하다. 그런데 3차 산업혁명 전까지는 주로 텍스트 기반의 데이터들뿐이었다. 그런데 문제는 문자, 숫자 등의 텍스트 기반이다. 텍스트는 아날로그가 아닌 디지털이며 디지털은 컴퓨터의 언어다. 컴퓨터의 언어란 컴퓨터에다 이 디지털 데이터를 집어넣으면 바로 알아듣는 것이다. 예를 들면 숫자는 디지털 데이터이니 인간이 계산할 수 없는 큰 수를 컴퓨터에 집어넣어도 컴퓨터는 그것을 바로 알아내서 숫자를 계산해

답을 얻어낸다. 전자계산기라고 보면 된다. 텍스트 데이터는 디지털 데이터이고 그 디지털 데이터는 세상에 존재하는 데이터 총량의 1%도 안 되는 작은 존재다. 거의 대부분은 아날로그 데이터이다.

인간을 뛰어넘으려면 아날로그 데이터에서 지식을 뽑아낼 수 있어야 한다. 그런데 얼마 전까지는 이런 아날로그 데이터로부터 지식을 알아낼 수 없었다. 그것을 AI란 것이 기계학습을 통해 알아내게 되었다. 기계는 쉬운데 사람은 어려운 것은 엄청난 계산이다. 그러나 사람은 쉬운데 기계는 어려운 것은 사물의 판단이다. 예를 들면 컴퓨터는 개와 고양이 구별을 못한다. 그런데 컴퓨터에게 개의 그림을 수십만 장 입력한다면 개의 그림을 판단할 수 있게 된다. 아날로그 데이터로부터 디지털의 데이터를 뽑아낸 것이다.

이것이 쓰이는 분야는 어디인가? 자율주행을 하는 차는 앞에 있는 물체가 개인지 고양이인지 달리는 자동차인지 자전거를 탄 사람인지를 구별해 낼 수 있어야 한다. 그래야 판단이라는 것을 한다. 멈출지 달릴지 우회해서 돌아갈지 말이다. 그런 판단을 수십만 장의 개, 고양이, 신호등, 자동차, 사람 등의 데이터를 가지고 판단한다. 처음에는 그림으로 하겠지만 나중에는 3D모델링을 할 것이다. 이것은 그만큼의 데이터를 필요로 하지 않는다. 예를 들어 2D애니메이션으로 백설공주가 나오는 영화를 만든다면 한 장, 한 장 그려서 그림을 이어 붙여야 하기 때문에 엄청난 시간과 노동력이 들어간다. 그런데 3D로 애니메이션을 만든다면 어떨까? 그림이 필요 없다. 3D로 백설공주 캐릭터를 모델링해서 스스로 움직이도록 하면 수많은 그림을 그릴 필요도 없고 시간과 노동력도 현저히 줄어든다. 지금은 그림으로 사물을 파악하지만 나중에는 3D 스캐닝물체를 디지털로 복사하는 것해서 쉽게 정보를 알아낼 것이다. 그렇다면 사람이 하는 일을 못할 이유가 없다.

앞으로 어떤 자들이 돈을 벌고 어떤 자들은 패배할 것인가? 일자리 500만 개가 없어진다고 한다. 새로 생기는 일자리는 200만 개이고 없어지는 일자리는 700만 개라서 그렇다고 한다. 일자리는 우리가 알고 있는 대부분의 일자리이다. 주로 단순, 반복되는 일자리부터 없어지고 어렵게 반복되는 일자리도 없어질 것이다. 단순, 반복되는 일자리는 운전과 같은 일자리이다. 어렵게 반복되는 일자리는 변호사와 같은 일자리이다.

그렇다면 어떤 일자리부터 없어질까? 없어지는 일자리는 회사에 소속된 일자리이다. 회사에 소속되었다는 것은 기업의 직원이라는 뜻이다. 기업은 이익을 목적으로 만들어졌다. 이익에 도움이 된다면 억만금을 주고라도 모셔오지만 이익에 도움이 안 된다면 정리해고할 것이다. 대부분의 일자리는 단순, 반복이다. 그런 면에서 대량으로 고용하고 있는 일자리부터 위협을 받는다.

예를 들어 버스운수회사와 같은 곳 말이다. 단순, 반복하는 일자리이다. 버스 정류장을 돌고 같은 코스를 돌며 같은 일을 반복한다. 버스운전은 대량 고용을 통해 다수의 사람을 이동시키는 것을 목적으로 한다. 매출에서 가장 많이 차지하는 것이 인건비이다. 인건비 비율이 30% 정도 되는데 이 정도의 인건비를 줄이면 갑자기 우량한 기업이 된다. 왜냐하면 영업이익률이 5% 남짓인데 갑자기 30%의 인건비를 절약할 수 있다면 인공지능에게 주는 일정 보수를 5% 준다 하더라도 30%의 이익을 볼 수 있기 때문이다. 인공지능은 밤낮으로 쉬지 않고 일하고 휴가도 가지 않으며 수당도 달라고 하지 않는다.

그러나 조금만 생각하면 운수회사의 이익은 그리 크지 않을 것이다. 운수회사 한 기업만 이렇게 한다면 모를까 지금 난립하고 있는 모든 운수회사는 자신의 영업이익을 깎아 먹어가면서 더 많은 노선을 더 적은 비용으로 늘리려고 할 것이다. 소위 저가 출혈경쟁이다. 인공지능이 세계적으로 뿌려진다면 인공지능의 대여료는 엄청나게 낮아질 것이기 때문이다. 많은 사람들의 부가가치가 높아질 것이다.

세상이 나아갈 방향은 이렇다. 돈을 버는 자는 최대한 한정될 것이다. AI지능과 관련된 기업들로 말이다. 그리고 대부분의 기업과 지식노동자들은 일자리를 잃을 것이다. 육체 노동을 대체한 산업혁명보다 제4차 산업혁명이 무서운 이유는 마음만 먹으면 인간의 모든 직업을 없앨 수 있기 때문이다. 그리고 유통업 같은 기업은 사라지고 플랫폼 업체들도 사라지고 중간 유통구조가 투명해지며 수많은 기업이 사라질 것이다. 인공지능에게 물어보면 굳이 배달앱의 기업들이 필요 없는 것처럼 말이다.

세상은 부가가치가 높은 방향으로 나아간다. 우리가 원하건 원하지 않건 간에 말이다. 우리는 항상 생각해야 한다. 이것이 세상이 나아가는 방향인지. 산업혁명 초기에는 혼란이 있다. 패닉이 있다. 그러나 패닉과 혼란을 두려워 할 필요가 없다. 우리는 누가 이길지 답을 안다. 역사가 그래왔으니까 말이다. 그러니 우리가 해야 할 일은 늦기 전에 이기는 자본가에게 투자하는 것이다.

가지고만 있으면 부자되는 '우량주', 사놓고 기다려라

우량주에 투자했다면 기다리라. 단 전제가 있다. '우량주에 투자했다면'이다. 우량주가 아니라 잡주라면 아예 투자하지 말았어야 했다. 우량주는 무엇인가? 내가 생각하는 우량주란 앞으로 시장이 커지는 곳에서 1등을 하는 주식이다.

예를 들면 앞으로 동영상 시대가 온다. SNS를 청년들이 많이 쓰고 있고 페이스북의 회원은 20억 명을 넘어서고 있다. 페이스북의 특징은 사람과의 관계를 맺는 것인데 사람과의 관계를 맺는 인터넷의 활동은 주로 사진이 이용된다. 물론 텍스트를 포함해서 말이다. 그런데 사진보다 동영상을 많이 본다. 페이스북에 동영상이 사진보다 더 많이 올라오고 코멘트도 10배는 더 달린다고 한다. 그래서 페이스북의 저커버그는 동영상 시대가 올 것에 대비해서 오큘러스리프트라는 VR 기기를 만드는 기업을 인수하기도 했다.

유튜브와 페이스북은 실시간으로 수십만 개의 동영상이 오늘도 올라가고 있다. 게다가 구글에서는 AI 머신러닝을 하는 데 그래픽을 많이 쓴다. 즉 사진이나 동영상을 가지고 머신러닝을 한다는 말이다. 그 사진이나 동영상이 많이 쓰일수록 AI는 더 정확하고 똑똑해진다. 고양이와 개를 구별할 때 한 장보다는 수십만 장의 고양이의 그림을 학습하면 더 고양이를 잘 파악하는 것처럼 말이다. 그래서 AI기업들인 페이스북, 구글, 애플 등은 데이터센터를 엄청나게 증설하고 있으며 개인도 사진이나 동영상을 저장하려고 스마트폰의 저장 공간을 늘리고 있다.

그렇다면 앞으로 이러한 추세가 줄어들까? 그러지는 않을 것이다. 앞으로 동영상은 더 늘어날 것이다. 드론으로 찍은 동영상을 AI가 인식할 테고 자율주행차는 사물을 동영상으로 인식해서 데이터센터로 보낼 것이다. 그 외에도 수많은 기기들이 동영상을 찍어 데이터센터로 보내는 일들이 반복될 것이다. 그런데 어떻게 동영상을 찍는 것이 줄어드는가? 그러니 앞으로 동영상이 늘어나는 것은 기정사실이고 그것이 세상의 부가가치를 늘리기 때문에 그 방향으로 갈 것이다. 그렇다면 동영상이 늘어나는 것은 자명한 사실인데 어떤 기업이 앞으로 이 늘어나는 시장에서 주목을 받을까?

하나만 생각해보자. 동영상이 늘어나고 데이터센터를 지어 동영상을 매일 수십만 개를 저장하고 앞으로는 매일 수십억 개의 동영상을 저장한다. 그렇다면 어디엔가는 저장을 할 것이 아닌가? 동영상 저장 매체는 무엇인가를 알아봐야 한다.

현재 현존하는 디지털 동영상 저장매체는 딱 두 가지다. 하나는 하드디스크와 다른 하나는 낸드플래시라는 것이다. 하드디스크는 옛날 방식의 저장장치로 자기테이프에 동영상을 저장하는 방식이다. 가격이 싸다는 장점이 있지만 읽고 쓰는 속도가 느려서 이 하드디스크를 노트북에 달아놓으면 윈도우가 켜지는데 심지어 5분이 걸릴 수도 있다. 그리고 단점이 또 있는데 저장 과정에서 열이 많이 난다. 열이 많이 나는 점이 가장 큰 단점인데 이것은 전력소모량이 엄청나게 높다는 뜻이다. 그래서 전기요금이 많이 든다. 그리고 스마트폰에 이 하드디스크를 쓴다면 열 때문에 배터리가 방전되는 속도가 빨라진다. 그래서 구형 컴퓨터가 아니고서는 낸드플래시를 쓰는 것이 요즘 대세다.

낸드플래시는 메모리에 저장하는 방식인데, 발열도 작고 읽기 쓰기 속도도 빨라 노트북에 이것을 꽂아 놓으면 윈도우 부팅속도가 10초 이내로 빨라진다. 비싸다는 단점이 있지만 요즘 대량생산과 기술의 진보로 인해 가격은 점점 내려가고 있다. 그래서 하드디스크와 낸드플래시의 가격 차이가 많이 줄었다. 게다가 동영상을 저장하는 데이터센터는 발열이 많이 일어나면 전기요금이 많이 들어, 하드디스크보다는 낸드플래시를 쓰는 것이 비용측면에서 유리하다. 그러니 앞으로 동영상 시대가 오는 시점에서 낸드플래시가 대세가 되리라는 사실은 자명하다. 앞으로 시장이 커지고 게다가 낸드플래시의 사용처는 엄청나게 늘어나니 낸드플래시를 만드는 기업은 주가가 많이 오를 것 아닌가?

그렇다면 낸드플래시를 만드는 기업 중 세계1위 기업은 누구인가?

1위는 부동의 삼성전자다. 삼성전자는 그 외에도 DRAM 세계 1위48%, 낸드플래쉬 세계 1위36%, 모바일 DRAM 세계 1위55%, 18나노미터nm D램, 48단 3차원3D 낸드플래시 단독 생산 등 앞으로 동영상 시대에 모든 것을 갖춘 기업이라 할 수 있겠다.

그렇다면 동영상 시대가 왔는가? 아직 오지 않았다. 그렇게 스마트폰을 찍어서 올리기를 반복하는데도 아직 오지 않았다니 무슨 말인가? IoT 시대가 오면 지금은 스마트폰 하나로만 찍지만 앞으로는 자율주행차, 휴머노이드, 드론, 항공기 등 수많은 움직이는 기기들이 동영상을 찍어서 데이터센터로 보낼 것이다. 센서 1조 개의 시대, 2000억 대가 연결되는 시대는 아직 오지도 않았다는 뜻이다.

그렇다면 앞으로는 동영상이 더 폭발적으로 증가하는 시대가 될 것이고 이에 삼성전자의 낸드플래시는 더 많이 필요해질 것이다. 그런 면에서 삼성전자는 시장이 넓어지는 동영상 시대에 유망한 우량주임에 틀림없다. 매일 보면 오르락내리락 하는 것처럼 보여도 나중이 되면 마치 에스컬레이터에 오른 것처럼 보일 것이다.

그냥 가지고 있으면 오르는 것이 우량주이다. 사고팔고를 반복하는 것이 아니라 사서 가지고 있다면 나중에는 오르는 것이다. 그러니 우량주를 분산투자해서 20개 종목 이상을 보유하고 있다면 그중 60%만 올라도 된다. 떨어지는 것은 내가 가진 원금의 한계가 있지만 오르는 것에는 한계가 없기 때문이다. 떨어지는 것은 원금만 까먹으면 된다. 그런데 오르는 주식은 이론상 10배, 100배도 가능하다. 피터 린치가 한 말이다. 그래서 앞으로 시장이 커지는 곳에 우량주를 투자하면 아무 일을 하시 않아도 된다. 그러니 우량주를 많이 알아야 하고 우량주에 분산해야 하고 기다릴 줄 알아야 한다. 그러면 부자가 된다.

진입장벽을 높이 쌓고
부족한 것을 파는 기업을 찾으라

1세대 기업가 이병철, 정주영, 구인회, 김종희, 서성환… 6·25전쟁 폐허와 피난 속에서 사업 기회를 찾았다.

삼성그룹의 창업자 이병철도 부산에서 성공한 사람이다. 대구에서 삼성상회로 무역업을 하다가 해방과 더불어 서울에 삼성물산을 세우고 수출입업을 시작했다. 수출할 상품을 찾던 중 기막힌 것을 발견한다. 전쟁터에 버려진 탄피와 고철들이다. 이병철은 탄피와 고철들을 모아서 일본 등에 수출했다. 수출대금으로는 설탕과 옷감, 종이, 약품 등을 수입해서 팔았고 큰돈을 벌었다. 1953년에는 그 돈으로 설탕 만드는 공장을 세웠다. 제일제당지금의 CJ은 그렇게 시작되었다.

기업이란 어떤 물건을 팔아야 하나? 6·25 전쟁 중 가장 많았던 것은 무엇이었을까? 탄피와 철이다. 매번 포탄과 총알을 쏴대니 탄피가 넘쳐나고 자동차를 비롯한 건물들이 무너지고 터지니 넘치는 것은 고철이다. 그렇다면 부족한 것은 무엇인가? 설탕, 옷감, 종이 등과 같은 생필품이다. 이처럼 넘쳐나는 것을 모아 부족한 곳에 팔고 부족한 것을 수입해 부족한 곳에 파는 것이 무역이다. 당연하지 않은가? 그렇다면 삼성이 아직도 설탕을 수입해다 팔고 있다면 어떻게 되었을까? 팔수는 있다. 그러나 지금의 삼성전자와 같은 기업은 없을 것이다. 기업은 그래서 필연적으로 더 부족한 것을 팔아야 한다. 더 부족한 것은 무엇인가? 두 가지로 나뉜다.

첫째, 아무도 모르는 것

아무도 모르는 것은 무엇인가? 공급이 수요를 창출하는 것이다. 세이의 법칙이다. 예를 들면 포드나 스티브 잡스가 만든 모델T자동차, 스마트폰처럼 이 세상에 없는 제품을 만들어 파는 것이다. 혁신적인 제품, 발명한 제품이다. 그것은 창의적인 천재가 만들어 사람들에게 만들어 파는 것을 말한다. 사람들에게 아무리 설문조사를 해도 이런 제품을 만들어 달라고 할 수는 없다. 이런 제품은 창의적인 기업인이 만들어 내놓기 전에는 필요한지조차 모르기 때문이다. 그래서 이런 제품을 만들면 시장을 선도한다. 그리고 오리지널을 만드는 혁신적인 기업이라는 인상을 사람들에게 심어줄 수 있다.

둘째, 진입장벽이 높은 것

아무리 창의적인 제품이라고 하더라도 누군가가 쉽게 베낄 수 있다면 오래가지 못한다. 스마트폰 얼마 전까지 애플과 삼성이 시장을 양분했는데 지금은 모두 중국업체가 세계시장을 점유하고 있다. 베끼기 쉬운 것은 빼앗기기도 쉽다. 그렇다면 어떻게 해야 빼앗기지 않을까?

완제품 시장은 빼앗기기 쉽고 그래서 망하기 쉽다. 유럽에서 조선이 시작되었다. 영국의 조선소가 배를 건조했고 세계 최고의 기술력을 자랑했지만 스웨덴으로 일본으로 한국으로 그리고 지금은 중국으로 건너가는 중이다.

그렇다면 선진국은 신흥공업국에게 모두 빼앗기는가? 아니다. 처음에 배를 만들었다면 모든 완제품부터 부품을 만들었을 것이다. 조립하는 것은 완제품인데 이런 기술은 베끼기 쉽다. 그러나 가스터빈 같은 기술은 베끼기 어렵다. 선진국은 조선기술은 넘겨줘도 부품소재 기술은 넘겨주지 않는다. 그래서 선진국은 완제품 시장을 넘겨줘도 나중에 부품소재로 먹고 산다.

부품소재는 어떤 산업인가? 기술의 진입장벽이 높은 시장이다. 그러니 쉽게 빼앗기지 않고 세계 1위가 되면 몇 십년간 기술을 선도하며 슈퍼사이클 모드로 돌아간다. 그렇다면 진입장벽은 기술에만 있는가? 그렇지 않다.

인프라도 있다. 철도산업처럼 철도를 깐다거나 도로공사처럼 도로를 깔아 놓으면 후발주자가 들어올 수 없다. 그래서 나름대로 진입장벽을 높이 쌓는다. 그러나 이런 기업은 내수기업이다. 내수기업은 시장이 좁으면 성장하기 힘들다. 인프라 중 인터넷 인프라도 있다. 생태계 기업이다. 구글이 안드로이드를 깔아놔서 스마트폰 기업이 많이 팔면 많이 팔수록 이득인 기업이다. 영원히 앱마켓으로 먹고 사는 기업이다.

우리가 눈여겨봐야 할 것은 진입장벽을 높이 쌓은 기업이다. 이런 기업들의 특징은 독과점기업이다. 그래서 독과점기업은 1,2,3등 정도가 수십 년간 그 진입장벽이 무너질 때까지 세계시장을 선도한다. 부족한 것을 파는 기업을 찾아야 한다. 부족하지 않은 것을 팔면 항상 붙는 말이 있다. 저가 출혈경쟁. 그러니 그런 기업은 버리고 부족한 것을 파는 기업을 찾자.

1위가 바뀌면
새로운 1위로 갈아타라

삼성은 스마트폰 수혜가 약해지면서 메모리와 SSD로 버틸 수밖에 없다. 사실 삼성의 위기는 상품을 한번 팔아먹고 마는 데 있다. 그것이 하드웨어 기업의 숙명이다. 그러나 삼성이 깔아놓은 그 좌판 위에서 소프트웨어 기업들은 끊임없이 돈을 번다.

소프트웨어 기업은 영업이익률도 좋다. 별반 들어가는 것이 없기 때문이다. 구글의 경우 서버만 설치하면 된다. 공장을 지을 필요도 원재료를 살 필요도 없다. 그러니 무엇보다 영업이익률이 좋다.

소프트웨어 기업이 강점만 가진 것은 아니다. 그들의 약점은 남들이 베끼기 쉽다는 점이다. 한때 PC게임을 CD로 발매하면 죄다 카피하는 바람에 불법 복제본만 돌다가 게임회사는 망하기 일쑤였다.

그런데 요즘은 소프트웨어 기업이 달라졌다. 베낄 것이 없는 기업으로 바뀌었다. 페이스북, 구글, 우버, 에어비엔비, 트위터 등 도대체 베낄 것이 없다. 지금의 세상은 빠른 추격자 전략이 더 이상 먹히지 않는다. 구글은 소프트웨어 기업의 한계를 돌파하기 위해 경쟁기업이 나타나면 적극적인 M&A를 통해 경쟁자를 없애버린다.

삼성은 카오디오분야에서 점유율 41%로 세계 1위인 하만이라는 회사를 인수했다. 삼성이 차 전장 사업에 본격적으로 뛰어든 모양새다. 미래의 차는 자율주행차, 커넥티드 카, 친환경차의 형태가 될 것이다. 그러다가 결국에는 이 세 가지가 모두 합쳐진 모델로 통합될 것이다.

자율주행차는 말 그대로 자율로 움직이는 차를 말한다. 커넥티드 카는 통신을 할 수 있는 차를 말한다. 차에서 메시지도 보내고 집에 있는 가스레인지를 끌 수도 있다. 인터넷도 할 수 있고 영화도 볼 수 있다. 그냥 스마트폰 한 대가 차에 붙어 있다고 생각하면 된다.

스마트폰이야 들고 다니면 되는데, 차에 스마트폰 한 대 붙어 있는 게 뭐 그리 대단하냐고 반문할 수 있지만 대단하다. 커넥티드 카가 되면 차의 고장이나 차의 시스템 업그레이드가 가능해진다. 차 자체가 인터넷과 연결된 하나의 스마트폰이 되는 것이다.

차가 스마트폰처럼 되었을 경우를 예상해보자. 집 컴퓨터가 고장 나면 원격으로 수리해 주는 시스템은 지금도 서비스되고 있다. 차도 마찬가지다. 차가 고장 나면 원격으로 차를 고쳐주고 원격으로 차 사고를 알려줘서 사고가 나도 내가 따로 전화할 필요가 없다.

그리고 차가 고장 나기 전에 차에서 지속적으로 서비스센터와 연결을 해서 어떤 부품이 문제가 있는지도 알아내서 고장이 나기 전에 부품 등을 서비스센터에서 알아서 갈아주러 올 수도 있다.

인터넷과 연결되지 않는 노트북은 더 이상 노트북이 아니다. 단순히 커다란 워드프로세서나 계산기에 가깝다. 그래서 노트북 하면 당연히 인터넷과 연결되는 상상을 하는데, 차도 이런 식으로 생각하는 날이 올 것이다. 그것이 커넥티드 카이고 미국에서는 이미 수백만 대의 컨넥티드 카가 도로 위를 달리고 있다.

그러면 삼성은 왜 하만을 인수했을까? 삼성이 얼마 전 중국의 BYD 비야디 주식을 취득하며 BYD와 협력관계에 들어갔다. 차 전장사업으로 중국시장을 노리겠다는 의도이다. 삼성은 미래의 먹거리를 차 전장사업으로 가는 모양새다. 삼성은 삼성토탈을 비롯한 비주력 계열사들을 정리하는 한편 여기서 확보한 현금을 바탕으로 미래 차에 투자속도를 높이고 있다.

차 전장사업이란 무엇인가?

앞으로 자동차는 석유자동차에서 배터리로 가는 자동차로 바뀔 것이다. 그렇게 되면 자동차 회사는 출발선이 같아진다. 자동차 회사의 강점인 엔진이 사라진다는 얘기다. 엔진이 사라진 자동차 회사는 그러면 무엇으로 차별화를 시도할 것인가? 타이어, 핸들, 프레임 등을 생각할 수 있으나 모두 아니다. 앞으로는 자율주행차+커넥티드 카+전기차 모델이 미래의 차이다. 그러니 앞으로는 자율주행, 커넥티드, 배터리가 차의 가장 중요한 요소가 된다는 뜻이다. 이것이 전장사업 모델이다.

삼성이 SDI에서 배터리를 만들고 있지만 BYD와 협력한 이유는, BYD에 배터리를 맡기고 삼성은 통신, 오디오, 디스플레이 등에 특화된 전장사업을 제공하는 쪽으로 가겠다는 의지의 실천이다. 물론 세계시장은 삼성SDI의 배터리를 쓰겠지만 말이다. 이렇게 되면 삼성의 자동차 시장 진입은 시간문제다.

자동차는 향후 전장을 빼면 디자인만 남는데 그냥 껍데기에 불과하다. 엔진이 빠지면 매우 유려한 모델로 바꿀 수 있다. 테슬라의 앞 트렁크 열어보면 엔진이 없기 때문에 그 공간에 짐을 실을 수도 있다. 엔진의 방해를 받지 않기 때문에 완전 유선형 모델이 나올지도 모른다.

지금까지는 엔진과 그에 필요한 부품들 집어넣느라 앞 엔진룸이 뚱뚱할 수밖에 없었다. 그런데 엔진룸 자체를 없애버리니 자동차는 엄청나게 완벽한 유선형, 즉 우주비행선의 형태로까지 만들 수 있다. 디자이너가 꿈꾸는 모델로도 가능하다.

그러니 지금까지 누리던 자동차 회사의 강점이 전부 쓸모없어지게 된다. 이를 노리며 삼성은 하만을 인수했다.

자동차 전장사업에서는 통신과 디스플레이 오디오가 전부라고 한다. 그런데 삼성은 통신과 디스플레이는 능숙하나 오디오는 젬병이다. 그리고 멀리 보면 앞으로 커넥티드 카 형태로 바뀔 것인데 하만은 정작 가장 중요한 통신과 디스플레이가 안 된다. 하만 입장에서도 삼성에 매각하는 편이 낫다. 매각대금이 무려 9조 원이었으니 그들로서도 남는 장사였다.

엔진으로 가는 자동차 회사의 몰락에 대비해야 한다. 삼성이 그 대안으로 우뚝 서면 좋겠지만, 삼성은 AI 분야가 약하다. AI가 약하면 완벽한 자율주행을 할 수 없다. 자동차 AI의 핵심은 지금처럼 차선이나 인식해 차선 밖으로 벗어나지 않고 앞 뒤 차간 거리를 라이다로 인식해서 더 가까이 가지 않는 기술이 아니다.

AI컴퓨터가 차와 연결되어 카메라 센서로 사람처럼 보면서 차선이 없어도, 앞에 눈이 펄펄 내려 아무것도 보이지 않아도 인간보다 운전을 더 잘할 수 있는 수준이 AI의 핵심이다. 삼성도 만약 AI 기술이 되지 않으면 지금 안드로이드 플랫폼을 차용하듯이 구글의 알파고나 IBM의 왓슨을 가져다 쓸 수 있다. 그런 면에서 구글과 IBM은 향후 200년간 먹을거리를 쌓아놓고 있는 중이다.

삼성의 이재용은 아마도 구글을 따라하는 중이 아닌가 하는 생각이 든다. 혁신에 약한 대기업의 약점을 스타트업이나 세계1위 기업 인수라는 방식을 통해 그들의 혁신을 자신의 것으로 만들어 강점으로 뒤바꾸는 전략이다. 삼성처럼 경직된 회사로서는 매우 좋은 전략이라 생각한다.

삼성에 대해 조금 더 살펴보면, IoT의 공통적인 핵심 부품은 디스플레이, 메모리, SSD 등이다. 현재 이 부문은 한국의 삼성전자가 압도적으로 1위를 하고 있다. 디스플레이는 삼성디스플레이가 1등인데 삼성전자가 간접지배를 하고 있다. 그러나 중국의 추격도 만만치 않다. 중국은 '중국제조 2025' 비전을 통해 2025년까지 모바일과 통신장비에 쓰이는 반도체의 40%와 80%를 스스로 생산하겠다는 목표를 세워둔 상태다. 그렇기 때문에 항상 시장점유율Market Share을 살펴보며 1위가 바뀌었는지를 살펴보아야 한다.

그러나 소재는 한번 1위를 하면 삼성전자의 메모리처럼 수십 년을 가는 경우도 많다. 그러니 분기별로 체크만 해도 충분하고 만약 1위가 뒤바뀌었다면 빨리 새로운 1위로 갈아타는 것도 좋은 투자전략이다.

그러나 그런 일은 자주 일어나지 않는다. 우리는 한 번 샀으면 팔지 않고 그때가 오기를 충분히 기다리는 전략을 취해야 한다.

제4차 산업혁명시대의 주식투자법 ①
_연결에 투자하라

지금까지 우리는 제4차 산업혁명이 어떤 혁명적인 발전을 가져오는 지 살펴보았다. 그런데 정작 마음속으로는 '그래, 그래서 어떻게 하란 말이냐? 통찰은 없고 그저 나열만 있네'라고 볼멘소리를 할 수 있다.

그래서 이제부터는 더 깊은 통찰을 통해 '주식'과의 연결을 시도해 보려고 한다.

이상철 LGU+ 부회장 "백만장자가 누리던 혜택 5G시대엔 10억명에 게 제공."

이상철 LG유플러스 부회장은 16일 중국 상하이에서 열린 모바일월 드콩그레스 기조연설에서 이같이 말했다. "백만장자만의 전유물로 간 주된 개인비서, 운전기사, 주치의 등 수많은 서비스가 5G를 기반으로 하는 미래에는 대중화될 것"이라고 말이다.

그리고 중요한 몇 마디 말을 했다.

5G 시대에는 스마트폰 외에 사물인터넷IoT 웨어러블 등 4G 대비 10배 이상 늘어날 각종 기기를 모두 연결할 수 있어야 하고, 1000배 이상 폭증할 데이터 처리 용량도 무리 없이 수용 가능해야 한다. 무인 자동차 및 항공기, 로봇, 원격진료 등이 원활하게 이뤄지려면 처리 지연시간을 크게 줄여야 하고 개인 맞춤형 서비스를 위해 망 자체의 지능화도 필요하다.

즉 앞으로 무수히 많은 기기들이 연결되는데 그 기기들을 연결하려면 빠르고 데이터 처리용량도 커져야 한다는 것이다. 우리가 현재 통신회사에서 쓰는 데이터의 평균은 얼마인가? 5GB 정도 되지 않을까? 그러나 앞으로 5G시대 아니 모든 것이 연결되는 시대에는 이것보다 어마어마한 데이터가 필요할 것이다.

그리고 우리는 기껏해야 노트북, 스마트폰 2대만을 연결해서 쓰고 있다. 그나마 이동하면서 쓰는 스마트폰만이 데이터를 잡아먹는다. 그런데 만약 자율주행차가 도로를 질주한다면 얼마의 데이터가 필요할까? 자율주행차가 실시간으로 도로상황과 연계하려면 1초당 1GB, 한 시간에 3.6TB의 데이터가 필요하다고 한다. 무려 초당 1GB이다. 그저 자율주행차 한 대일 뿐인데 말이다.

우리가 한 달 쓸 데이터를 몇 초면 이 자동차는 다 써버리고 만다. 그런데 데이터를 잡아먹는 기계가 자율주행차 뿐일까? 아니다. 자동차, 항공기, 선박, 철도 등 이동수단

모두가 데이터를 쓸 것이다. 물론 이동수단만이 쓰는 것은 아니다. 만약 70억 인구의 절반인 35억 대가 연결이 가능한 자율주행차로 바뀐다고 했을 때 그 데이터는 우리의 상상을 초월하게 될 것이다.

그래서 델컴퓨터의 마이클 델은 "데이터 지배하는 자, 미래를 지배한다"라고 했다. 2000억 대의 기기가 서로 연결될 것이기 때문이다.

그럼 데이터는 누가 만들어내는가? 바로 통신회사이다. 통신이 안 되는 자율주행차는 얼마나 위험한가?

'테슬라 모델S 자동주행 중 운전자 첫 사망사고…美당국 조사착수.'

이 기사의 제목에서 보듯 테슬라에서 모델S 자동차를 자율주행하는 도중 트레일러와 부딪쳐 사망사고가 일어나는 일이 있었다. 사고원인은 테슬라에 따르면 운전자와 자동주행센서 양쪽 모두 트레일러의 하얀색 면을 인식하지 못했고 브레이크를 걸지 않았다고 한다.

지금의 자율주행차의 수준을 짐작하게 하는 사고이다. 자율주행차는 크게 레벨1부터 레벨4까지로 나뉜다. 레벨1, 2는 운전자의 운전보조장치 정도의 수준이며 제한적 자율주행차 정도가 된다. 자율주행차가 하는 일은 고성능카메라와 레이더, 라이다 등으로 물체와 차선을 감지하여 좌우의 차선 중 실선과 점선, 중앙선을 감지하여 차 안에 있는 컴퓨터가 계산해서 차가 그 선 안에서 움직이며 앞차와 간격을 맞추어 사고가 일어나는 것을 방지하는 아주 초보적인 수준이다.

그럼 레벨3와 완전자율주행이라는 레벨4가 되려면 어떻게 되어야 할까? 기본적으로 통신이 되어야 한다. 차 안에 들어 있는 인공지능

컴퓨터만으로는 도저히 완전자율주행을 이룰 수 없기 때문이다. 데이터 통신을 통해 구글의 알파고 같은 슈퍼컴퓨터의 성능을 지닌 AI이하 인공지능 컴퓨터가 명령을 내려야 한다.

예를 들어, 만약 눈이 많이 내리거나 공사 때문에 차선이 지워져서 도로 위의 차선이 보이지 않는다면 현재의 레벨이라면 자율주행운전을 할 수 있을까? 할 수 없다. 그래서 이럴 때 운전자는 직접 운전을 해야 한다. 그렇다면 인공지능 컴퓨터는 무슨 일을 할까?

컴퓨터와 인간의 장점은 대척점에 있다. 컴퓨터는 인간이 못하는 일을 잘한다. 예를 들자면 어려운 수학문제를 푸는 것이다. 쌍둥이 소수 수학에서 쌍둥이 소수[twin prime]는 두 수의 차가 2인 소수의 쌍, 즉 [p, p+2]이다. [2, 3]의 경우를 제외하고는 두 소수의 차는 2 이상이다 문제는 인간은 풀 수 없다. 슈퍼컴퓨터를 동원해야 한다. 인간의 두뇌로는 도저히 계산할 수 없는 단계까지 갔기 때문이다. 2011년 12월 25일, 2개의 분산 컴퓨팅 프로젝트인 쌍둥이 소수 탐색과 프라임그리드가 현재까지 발견된 쌍둥이 소수 중 가장 큰 쌍둥이 소수 $3756801695685*2^{666669}$ 1를 발견했다.출처: 위키백과

그런데 인간이 잘하는 것을 컴퓨터는 힘들어 한다. 예를 들자면 학교에 가는 것이다. 학교에 가려면 걸어야 하고 대중교통을 이용하거나 직접 운전을 해야 하고 계단을 오르고 내려야 한다. 인간에게는 쉽지만, 컴퓨터에게는 아직 어려운 일들이다. 왜냐하면 컴퓨터는 사물을 파악하는 능력이 현저히 떨어지기 때문이다. 앞에 있는 사물이 개인

지 고양이인지 간단한 사물조차 구별하지 못한다.

이것은 귀납적인 방법으로 해결하고 있다. 수많은 그림 데이터를 보여주고 그것을 바탕으로 하여 추측하도록 만드는 것이다. 이런 것이 완성된다면 길거리를 지나가는 것이 사람인지 장애물인지를 파악할 수 있고 돌발적인 상황에 대비할 수 있게 된다.

그런데 자율주행차 같은 제한된 공간에 구글의 데이터센터를 넣을 수 없다. 그렇기 때문에 반드시 레벨4의 완전자율주행차로 가려면 슈퍼컴퓨터와 차를 이을 수 있는 데이터가 꼭 필요하다. 그런데 이러한 데이터를 이어주는 것이 누구인가? 바로 통신회사이다.

이제 생각해보자. 앞으로 100조 개의 센서에서 받아들인 정보를 데이터로 전송해서 슈퍼컴퓨터로 가고, 다시 슈퍼컴퓨터에서 계산한 행동방식을 1000억 개의 사물인터넷 기기들로 다시 전송해서 움직일 수 있게 한다. 이것이 원리인데 얼마나 많은 데이터가 필요할까?

가늠할 수가 없다. 자율주행차 한 대 돌리는 데 초당 1GB가 필요한데 앞으로 움직이는 기기들은 모두 데이터가 필요하다. 길거리를 다니는 휴머노이드 로봇, 하늘을 날아다니는 드론, 자율주행 항공기, 태양광으로 움직이는 선박, 자전거, 스마트폰, 시계, 핏, 보드 등 움직이는 것이라면 모두 데이터가 필요하다. 그런데 그 데이터를 짐작조차 할 수 없다.

그러니 통신회사의 앞날은 밝지 않은가?

이제 그러한 조짐이 슬슬 보이기 시작하고 있다.

국내 이통3사 이통 가입회선 분석

최근 국내 사물인터넷IoT 수요가 크게 증가하면서, 전체 이동통신 가입회선 수가 조만간 6000만개를 돌파할 전망이다.

전체 이동통신 가입회선의 5~7%를 차지하는 IoT는 최근 3년간 50% 넘게 성장하며, 포화상태에 이른 이동통신 성장을 이끌고 있다.

이동통신사들은 소규모 기기 또는 센서에 통신 기능을 부여하는 일종의 IoT 서비스인 '소물 인터넷' 상용화 경쟁에 나서고 있어, 앞으로 IoT 회선 증가세는 더 뚜렷해질 전망이다.

27일 미래창조과학부의 무선통신 서비스 가입자 수 통계에 따르면 지난 2월까지 국내 2세대G, 3G, LTE 등 이동통신 전체 회선 수는 5927만개로 나타났다.

업계에선 월 평균 15만~20만개 회선이 새롭게 추가되는 현 추세를 고려하면, 오는 9월에는 이동통신 회선 수가 6000만개를 넘을 것으로 전망하고 있다.

우리나라 전체 인구수보다 약 10% 가까이 많은 이동통신 가입 회선 증가세는 IoT가 이끌고 있다. 원격 신용카드 결제 단말기에서 부터 도어록, 가스밸브, 조명, CCTV 관제장비, 공장 또는 농장의 원격 제어·모니터링 장비까지 생활 곳곳에 IoT가 침투하며, 정체된 이동통신 회선 수를 가파르게 끌어올리고 있다.

국내 휴대전화용 이동통신 가입자 수는 지난 2월 현재 5384만 명이다. 휴대전화 이동통신 가입자는 지난 2013년 5162만명에서 2014년 5284만명으로 2.3% 증가하는 데 그쳤고, 2015년에는 5366 만명으로 전년 대비 1.5% 증가하는 데 그쳤다.

반면 지난 2월 현재 IoT 회선수는 442만개로, 월 평균 10만개씩 늘어나고 있다. IoT 이동통신 회선수는 지난 2013년 303만개에서 2014년 346만개로 13.8% 증가한 데 이어, 2015년에는 427만개로 23.4% 늘어나는 등 갈수록 증가율이 높아지고 있다.

특히 전체 이동통신 회선에서 IoT 기기가 차지하는 비중 역시 2013년에는 5.5%였지만, 2014년 6.5%로 상승했고, 2015년에는

7.9%로 올랐다. 이어 지난 2월에는 8.2%를 기록했다. 올 연말에는 그 비중이 10%를 넘어설 것으로 예상된다.

IoT 수요 증가에 따라 SK텔레콤과 KT, LG유플러스 국내 이동통신 3사는 저마다 LTE 이동통신을 응용한 사물인터넷 서비스 'LTE-M' 기술을 상용화하고 있다.

앞으로 에너지, 제조업, 건설, 농업 등 다양한 분야에 '턴키' 방식으로 IoT용 이동통신 서비스를 공급할 경우, 국내 IoT 시장은 폭발적으로 커질 것으로 예상된다.

이통사 관계자는 "급성장하는 IoT 시장에 대비해 전용 요금제와 다양한 서비스 상품을 만들 것"이라고 말했다.

2016년 4월 27일자 디지털타임스

이동통신 회사의 수익성은 떨어지기 시작했다. 가입자를 서로 뺏어오려고 보조금 전쟁을 벌였다. 그러나 조만간 그럴 일이 사라질 것으로 보인다. 가입자들이 순증하고 있기 때문이다. 기사를 보면 '최근 국내 사물인터넷IoT 수요가 크게 증가하면서, 전체 이동통신 가입회선 수가 조만간 6000만 개를 돌파할 전망이다.' 이런 내용이 나온다.

왜 우리나라에서 6000만 개를 돌파했을까?

스마트폰 말고도 통신이 되는 IoT기기들이 늘어나기 시작했기 때문이다. 기사를 보면 '이러한 것들은 자동차, 시계, 드론 등 개인이 쓰는 것 말고도 앞으로 에너지, 제조업, 건설, 농업 등 다양한 분야에 턴키 방식으로 IoT용 이동통신 서비스를 공급할 경우, 국내 IoT 시장은 폭발적으로 커질 것으로 예상된다'라고 쓰여 있다.

즉, 이 세상의 모든 사물이 연결되는 세상이 오면 이동통신 전화번호를 각 사물에 전부 붙이는 날이 올 것이라는 얘기다.

이러한 점에서 미국의 커넥티드 카 시장은 흥미롭다.

AT&T "커넥티드 카는 자동차와 통신업계의 미래"

커넥티드 카가 전체 자동차와 통신 산업을 변화시키는 동력이 될 것이라는 주장이 제기됐다.

11일 엔가젯에 따르면 랄프 데 라 베가 AT&T 최고경영자CEO는 북미최대 이동통신 전시회 'CTIA2014' 패널 토론에서 "수년 내 1000만대의 '네바퀴가 달린 스마트폰'이 도로를 주행할 것"이라고 내다봤다.

랄프 데 라 베가 대표는 이런 흐름에 맞춰 AT&T는 월 10달러만

내면 자동차에서 인터넷을 사용할 수 있는 요금제를 선보일 계획이라고 밝혔다. 이날 AT&T와 아우디는 내년 출시되는 Q3 차량에 AT&T 요금제를 도입한다고 밝혔다. 이미 AT&T와 아우디는 올해 초 출시된 A3 세단에 데이터 요금제를 선보였다

이에 질세라 제너럴모터스GM도 커넥티드카 통신요금제 계획을 발표했다. GM은 커넥티드 카 33종을 준비 중이다. 메리 챈 GM 글로벌 소비자 그룹대표는 AT&T 요금제를 이용할 수 있는 GM의 '온스타'라는 서비스가 탑재된 차량이 내년부터 유럽에서 출시될 계획이라고 발표했다.

전문가들은 커넥티드 카가 자동차 산업의 핵심이라고 입을 모았다. 아룬 빅쉐스바란 에릭슨 최고마케팅책임자CMO는 "국제적인 조사결과에 따르면 차량 소유자의 절반 가량이 커넥티드 카를 위해 차량을 바꿀 용의가 있다고 밝혔다"고 설명했다. 제이 비자얀 테스라 최고정보책임자CIO는 "커넥티드 카는 무선으로 차량 정보를 업데이트할 수 있어 대리점에 차를 끌고 갈 필요가 없다"고 덧붙였다.

2014년 9월 11자 전자신문

이 기사를 보면 '엔가젯에 따르면 랄프 데 라 베가 AT&T 최고경영자CEO는 북미최대 이동통신 전시회 'CTIA2014' 패널 토론에서 "수년

내 1000만 대의 '네 바퀴가 달린 스마트폰'이 도로를 주행할 것"이라고 내다봤다.' 조만간 1000만 대의 커넥티드 카가 도로 위를 달린다는 얘기이고 '랄프 데 라 베가 대표는 이런 흐름에 맞춰 AT&T는 월 10달러만 내면 자동차에서 인터넷을 사용할 수 있는 요금제를 선보일 계획이라고 밝혔다.'

앞으로 수년 내에 모든 자동차는 커넥티드 카 형태가 될 것이고 그만큼 통신회사의 가입자가 늘어나게 될 것이다. 그런데 이게 시작이다. 앞으로 모든 것이 연결되는 제4차 산업혁명의 시대가 온다면 통신회사는 엄청난 가입자를 확보하면서 순익은 증가할 것이고 망하지 않으면서도 배당도 높은 주식에 속할 것이다.

제4차 산업혁명시대의 주식투자법 ②
_빅데이터에 투자하라

빅데이터는 단순한 통계 이상의 의미를 가지고 있다. 그 이상의 의미란 바로 인간의 욕망이다. 빅데이터 자체를 인간의 욕망덩어리라 할 수 있다. 빅데이터가 욕망덩어리인 이유는 인간의 행동을 그대로 데이터화한 결과물이기 때문이다. 예를 들어, 내가 주말마다 등산을 간다고 하면, 그 사실을 아는 사람은 나와 우리 가족 정도다. 그런데 개인의 동선을 완전히 파악할 수 있는 세상이 온다면 어떻게 될까? 내가 주말에 등산을 가는지 쇼핑을 가는지 누군가는 전부 알게 되는 일이 벌어진다.

내가 주말에 무엇을 하는지 파악하는 도구는 다양한 IoT사물인터넷 기기가 될 것이다. 자율주행차가 될 수도 있고, 내 손목에 채워진 시계가 될 수도 있다. 아니면 운동화일지도 모른다. 즉, 세상 모든 만물이 내 동선을 파악하여 자율주행차 서버로 데이터를 보내면 이것을 모아 내 행동패턴을 분석하고 내가 좋아하는 것에 대한 맞춤형 서비스를 할 수 있다.

주말에 자율주행차를 타고 북한산에 갔다. 그리고 오후에 북한산에서 다시 자율주행차를 불렀다면 나는 등산을 갔을 확률이 높다. 게다가 매주 일정하게 반복한다면 그것은 내가 주말에 등산을 즐기는 사람일 확률이 높다. 골프장에 적용해도 마찬가지다.

이 데이터를 가지고 있는 회사는 무엇으로 돈을 벌까? 등산을 좋아하는 사람에게는 아웃도어 회사에 정보를 팔아넘기지 않을까? 골프장을 자주 가는 사람에게는 골프회원권 회사에 내 정보를 넘길 것이다.

이런 시스템이 중요한 이유는, 사람의 행동은 거짓말을 하지 않기 때문이다. 구글트렌드의 핵심은 사용자가 인터넷에서 찾는 키워드 검색이다. 감기에 걸린 사람은 감기약을 찾는다. 또는 감기약이나 증상 혹은 약국 위치를 찾는 사람이 어느 지역에서 늘어나면 이 데이터를 기반으로 해당지역에 감기경보를 발령한다. 이것이 바로 구글트렌드의 출발이다.

이 빅데이터는 사람의 행동이다. 사람의 행동은 욕망의 다른 이름이다. 무엇인가를 하고 싶으니까 행동을 한다. 내가 정말 궁금하지만 구글트렌드의 정확성을 떨어뜨리려고 다른 검색을 하지는 않는다. 내가 정말 궁금한 것만 키워드로 검색을 한다.

사람의 욕망을 측정할 수만 있다면 어떤 사업이든 성공한 것이나 마찬가지다. IoT사물인터넷가 세상 모든 사람들에게

파고든다면 빅데이터는 지금보다 훨씬 정확한 데이터가 될 것이다. 그러면 기업은 이러한 빅데이터를 이용하려 할 것이다.

빅데이터를 기업에게 줄 수 있는 기업은 어디인가? 1차는 플랫폼 회사, 2차는 모든 데이터를 관리하는 통신회사가 될 것이다. 플랫폼이란 스마트폰에 깔려 있는 OSOperating System를 제공하는 회사로, 모든 정보를 손에 넣을 수 있다. 예를 들어 자율주행차라면 자율주행차를 부르는 앱을 제공한 회사가 될 것이다. 스마트 시계를 차고 운동을 했다면 스마트 시계의 운동앱을 제공한 회사가 정보를 손에 넣을 수 있다.

이미 신용카드사는 결제정보를 이용해 상권을 분석하고 컨설팅을 하고 있다. 하물며 빅데이터는 손에 넣을 수만 있다면 돈이 되는 정보가 될 것이다.

그러나 모든 데이터는 통신회사의 망을 통해 제공이 되는 만큼 통신회사도 빅데이터를 가진 자가 될 것이다. 실제 통신회사들은 커넥티드 카를 통해 애플처럼 플랫폼 사업자가 되기를 꿈꾸고 있다.

예를 들어 미국의 통신회사 AT&T는 다양한 테크놀로지 파트너들과 협업하여 AT&T Drive를 제작했다. AT&T는 회선제공뿐 아니라 플랫폼 사업자로 전환해서 커넥티드 카의 애플이 되려는 비전과 야심을 가지고 있다.

그러면 현재 빅데이터 정보를 가진 자는 누구인가? 아직까지는 구글 같은 웹 검색을 하는 업체이다. 빅데이터를 2차 가공하여 마케팅에 활용하는 회사들은 많지만 원천 소스는 구글, 네이버, 다음과 같은 검색엔진업체들이다.

그러나 앞으로 제4차 산업혁명이 오면 모든 센서가 사람의 동선을 전부 알아내기 때문에 텍스트 검색의 양보다 훨씬 많은 양의 데이터가 쏟아질 것이고, 빅데이터의 원천소스를 가지고 있는 회사의 위치가 바뀔 것이다. 따라서 1차적으로는 스마트폰의 앱을 만든 기업이 빅데이터를 소유할 것이다. 예를 들자면 우버가 자율주행택시 서비스를 시작했는데 우버의 택시를 부르려면 스마트폰에 우버의 앱을 깔고 우버의 자율주행택시 앱을 열어 출발지와 목적지를 입력하면 택시가 원하는 곳까지 데려다 준다. 택시를 타고 이동한 동선을 누가 파악했을까? 다름 아닌 우버다. 그러니 앱을 사용자가 쓴다면 그 앱을 만든 회사가 개인정보를 가지고 있게 된다.

그러나 AT&T처럼 통신회사도 자신들이 직접 앱 또는 플랫폼을 개발해서 사용자들에게 배포한다면 다른 사업자보다 훨씬 유리한 상황에 놓이게 된다. 어찌되었든 모든 데이터는 통신망을 통해서 가니 말이다.

유망기업은 플랫폼을 개발한 회사와 개별 앱을 개발한 회사 그리고 통신회사가 될 것이다. 지금 현재 스마트폰 기반 플랫폼은 안드로이드와 애플의 IOS정도이다. 하지만 현재 IoT의 킬러 앱은 나오지 않았다. 왜냐하면 아직 IoT시대가 오지 않았기 때문이다.

제4차 산업혁명시대의 주식투자법 ③
_소재에 투자하라

제4차 산업혁명이 오면 1000억 대의 기기들이 연결된다. 아니 그보다 더 늘어날 수도 있다. 우리의 상상은 지금의 상상력을 바탕으로 그 범위 내에서 이루어지지만, 실제 그때가 되면 우리가 상상할 수 없을 정도로 더 많은 종류의 IoT기기들이 생길 수도 있기 때문이다.

제4차 산업혁명이 도래할 2030년이 되면 지구상의 인구는 100억 명 정도로 늘어나고, 현재 1인당 2대노트북, 스마트폰 정도에 불과한 IoT기기들은 1인당 200대 정도로 늘어날 것이다. 간단히 계산해 100억 대 x 200대=2조 개가 될 수도 있다. 지금보다 최소 100배 늘어난 수치로, 현재는 스마트폰과 노트북 정도지만, 한 사람이 쓰는 기기의 종류만 200개가 된다는 소리다.

이러한 정보를 앞에 두고 정작 우리는 어디에 투자해야 하는가? 완성품일까? 이를 테면 전기차, 드론, 스마트폰을 만드는 기업들이다. 나는 아니라고 생각한다. 왜냐하면 IT기기의 완성품은 제조업이고 제조업은 얼마만큼 싸게 만들 수 있는가에 따라 경쟁력이 결정된다. 스마트폰으로 잘나가던 애플과 삼성이 중국업체에 고전하는 모습을 보며, 완성품 업체의 미래가 그려진다.

게다가 IT는 기술수명이 짧다. 2년만 지나도 고물취급을 받는다. 그렇기 때문에 만약 후발업체가 새로운 기술을 개발한다면 혹은 새로운 표준에 빨리 적응한다면, 그 후발업체는 언제든지 선발업체를 따라잡을 수 있다. IT는 기술이 변하는 사이클이 짧기 때문에 투자자 입장에서는 10년, 20년을 바라본다. 하지만 나는 이 정도의 기간은 리스크가 크다고 생각한다.

그러면 어떤 기업에 투자해야 하는가? 바로 소재기업이다.

IT강국인 한국과 대만이 유일하게 적자를 보는 나라는 일본이다. 일본이 소재 강국이기 때문이다. 한국과 대만은 완성품을 만들고 소재는 일본이 주로 만든다. 그러니 완성품을 아무리 팔아봐야 소재, 부품회사에 이익을 떼어주고 나면 남는 것이 별로 없다.

그러나 반대로 생각해보면 소재기업은 기술력만 있다면 완성품 업체보다 훨씬 안정적이고 확장적이다. 소재의 기술은 아주 긴 롱사이클 혹은 슈퍼사이클 품목에 속하기 때문이다. 따라서 후발업체가 기술을 따라잡기 어렵다. 게다가 IT는 형식지에 가깝고 소재는 암묵지에 가깝다. IT는 인터넷 논문만 뒤져도 기술의 개념이 거의 다 나오지만 소재는 그들만이 알고 있는 경험의 데이터가 훨씬 많다는 뜻이다. 그러니 완성품 업체는 부도가 나도 소재기업은 꾸준히 오래 살아남는다.

과거 PC시장에서 치열하게 싸운 IBM, HP, DELL, 삼성, 삼보 등은 기술 차별화가 힘드니 서로 가격으로 제살 깎아먹기 출혈경쟁을 했지만, 이런 가격경쟁을 통해 시장이 넓어지니 PC의 OS인 Windows를 만드는 마이크로소프트는 거의 독점적으로 이익을 독차지했다. 인텔, 삼성전자도 마찬가지다.

어디에 투자해야 하겠는가? IoT시대라고 해서 별반 다르지 않다. 앞으로 전기차, 자율주행차, 스마트폰, 스마트워치, VR, 드론, 휴머노이드 등 수많은 IoT 완성품들이 시장점유율을 놓고 싸울 것이다. 그러나 그 시장은 블루오션이 아닌 레드오션이다. 이들의 출혈경쟁으로 IoT 시장은 기하급수적으로 넓어질 것이다. 그런데 그 뒤에서 그들을 지켜보며 슬며시 미소 짓는 이들은 누구일까? 부품소재를 제공하는 기업이 아닐까?

부품소재기업은 대부분 3개 업체 정도가 지배하는 과점시장이다. 부품소재기업은 아니지만 세계 혹은 국내를 지배한 과점기업들은 대부분 1등이 바뀌지 않으며 확고부동한 1등에 오른 시점에 투자를 해도 역사적으로 꽤 많이 올랐음을 알 수 있다.

PC의 OS인 마이크로소프트 주가를 살펴보자. 1995년은 우리가 잘 알고 있는 마이크로소프트 Windows95가 한참 OS로 명성을 떨칠 때이다. PC 시장점유율 세계 1위이다. 그런데 주가는 1주당 4.5달러에 불과했다. 가장 많이 올랐을 때가 언제였나? 1998년 58달러까지 올랐다. 무려 10배 이상이다.

네이버의 주가를 보자. 네이버는 현재 한국의 검색시장 1위 기업이다. 네이버가 국내시장 점유율 1위에 오른 시점은 2003년으로 주가는 8,603원이었다. 치열하긴 했지만 2002년 네이버는 지식인 광고를 통해 2003년 야후와 라이코스를 물리치고 국내 검색시장 1위에 올랐다. 그후 2017년 6월 9일 현재 960,000원이다. 무려 100배가 넘는 상승률이다. 그러니 세계1위 혹은 국내 1위 시점에 투자를 시작해도 결코 늦지 않다.

과거는 과거고, 이제는 미래를 이끌어갈 소재를 알아보자. 수많은 IoT에 들어갈 소재들 말이다.

AP 설계, AP 생산

우선 AP를 들 수 있다. 스마트폰 디지털TV 등에 사용되는 비메모리 반도체로 일반 컴퓨터의 중앙처리장치CPU와 같은 역할을 한다. 스마트폰 반도체 중 가장 기술집약적인 부품으로 가로, 세로 각각 14mm, 두께 1.4mm에 불과한 AP 칩에 SP 모바일D램 플래시메모리 등이 탑재되어 있다[네이버 지식백과, APapplication processor · 시사상식사전, 박문각]

PC에는 CPU중앙처리장치, 그래픽카드, 사운드카드, 모뎀 등이 본체에 꽂혀 있었다. 그런데 모바일로 넘어오면서 문제가 생겼다. 성능은 좀 떨어지더라도 작은 공간 안에 전부 넣을 수 있는 작은 것이 필요했다. 그래서 만든 것이 AP이다.

AP=MPU중앙처리장치+GPU그래픽 처리장치+MMP이미지 압축해제+DSP오디오 신호처리+모바일통신칩

이렇게 모든 것을 합쳐 향후 시스템온칩SoC:여러 가지 기능을 가진 시스템을 하나의 칩으로 구현한 기술집약적 반도체으로 원칩화될 것이 확실시된다.

AP는 설계하는 회사와 만드는 회사가 따로 있다. IoT의 핵심 두뇌인 만큼 확장성은 매우 넓다고 할 수 있다. 앞으로 모든 로봇, 드론, 스마트폰, 자동차, 시계 등에 연결되는 IoT 세상이 오면, AP는 가장 핵심적인 부품으로 들어가지 않을 수 없다. 그러니 AP는 IoT 시대를 준비하는 데 있어서 가장 필수적이다.

AP는 두 가지로 나눠서 생각해야 한다. AP의 설계부분과 생산부분이다. 현재는 AP를 설계만 하는 회사가 따로 있고 생산만 하는 회사가 따로 있다. 그러나 앞으로 설계만 하는 회사가 생산도 할지에 대해서는 알 수 없다.

배터리

리튬은 '흰색 황금'··· 전기車 열풍에 가격 폭등

'리튬은 새로운 석유다Lithium is the New Gasoline.'

미국의 투자은행 '골드만삭스'가 내놓은 보고서 내용이다. 배터리
의 핵심 원료인 리튬은 최근 전기차 생산 증가와 맞물려 수요가 급
증하면서 가격이 천정부지로 뛰고 있기 때문이다. 여기에 최근 폭
발적인 전기차 수요에 힘입어 리튬 수요가 한층 더 폭등할 것으로
보인다. 이에 따라 세계적인 '리튬 붐'은 아직 초기 단계에 불과하다
는 분석도 나오고 있다. 흰색을 띠는 리튬을 '백색 황금'이라고 부
르는 이유이기도 하다.

◇리튬은 전기차 시대의 휘발유··· 치솟는 수요와 가격

리튬의 t당 가격은 이달 초 3000만 원으로 1년 전 900만 원에 비
해 3배 이상 올랐다. 가장 큰 원인은 전기차 때문이다. 그동안은 주
로 휴대전화 등 IT기기 배터리의 핵심 원료로 쓰였는데, 이젠 IT 기
기에 비해 훨씬 많은 양의 리튬이 들어가는 전기차 배터리 수요가
늘었기 때문이다. 스마트폰 1대에는 5~7g, 전기차 1대에는 40~80
kg의 리튬이 들어간다. 전기차 한 대에 스마트폰 1만대 분량의 리
튬이 필요하다는 것이다.

골드만삭스는 전기차 시장 점유율이 1% 상승하면 리튬 수요가 연 7만t 증가한다고 밝혔다. 지난해 전 세계 리튬 소비량17만t을 감안하면 50% 정도 성장하는 셈이다. 현재 전 세계 자동차 시장에서 전기차 비중은 0.9%. 골드만삭스는 2025년까지 리튬 시장은 최소 지금의 3배는 성장할 것으로 전망했다.

업계에서는 최근 리튬 가격 폭등의 진원지로 중국을 지목한다. 전기차 최대 소비국인 중국이 부족한 자국의 리튬 공급량을 늘리기 위해 수출량을 제한하면서 글로벌 시장 가격이 올랐다는 것이다. 작년에만 중국의 리튬 수출량은 40% 이상 줄어들었다. 송호준 삼성SDI 전략기획그룹장은 "리튬은 매장량이 충분한 광물이지만, 채굴해 가공·생산하는 데 1년 이상 걸리는 장기 사이클형 광물이다. 중국의 리튬 사용량이 급격하게 늘어나다 보니 생산과 수요의 시간차에 따른 공급 부족 현상이 생긴 것"이라고 말했다.

생산 구조가 전 세계적으로 칠레의 SQM, 미국의 FMC와 알버말·락우드 등 3개 업체가 70%를 차지할 정도로 과점인 것도 가격 급등의 한 요인이다. 신정관 한온시스템 IR팀장은 "이들 3개 업체가 석유처럼 공급 과잉이 발생하지 않도록 개발을 늦추고 있다. 생산량을 조절해 가격 인상을 유도하는 3개사의 전략이 리튬 가격 급등세에 기름을 붓고 있는 격"이라고 말했다.

◇전 세계 리튬 전쟁 시작된다

리튬의 인기는 당분간 계속될 것으로 보인다. 전 세계 자동차 회사들이 전기차와 하이브리드차의 생산을 늘리겠다고 앞 다퉈 발표하고 있기 때문이다. 포드는 2020년까지 전기차 판매 비중을 40%까지 확대한다고 밝혔다. 4년 동안 45억달러를 투자해 12종의 전기차와 하이브리드차를 선보인다는 것이다. 폴크스바겐도 배출가스 조작으로 악화된 이미지를 개선하기 위해 2025년까지 30개 이상의 전기차 모델을 출시할 계획이다. 현대·기아차도 앞으로 4년 내에 16개의 전기차·하이브리드차 등을 추가로 내놓을 예정이다.

이에 따라 자동차업계에서는 이미 '리튬 확보 전쟁'이 시작됐다. 테슬라가 2017년부터 가동할 기가팩토리배터리공장 공급용 리튬 공급처를 확보하기 위해 최근 칠레까지 날아간 것도 이 때문이다. 중국도 최대 국영기업인 시틱CITIC이 칠레 최대 리튬 생산기업인 SQM의 지분을 사들였고, 미국 리튬 광산기업인 알버말과 중국의 합작 파트너 티안키는 호주 광산에서 리튬 원자재를 생산할 채비를 갖추고 있다. 포스코도 아르헨티나에서 연간 2500t 규모의 상업용 리튬 생산공장 착공식을 갖고 올해 말부터 생산을 시작한다.

업계에서는 이명박 정부 시절의 볼리비아 리튬 사업이 실패로 돌아갔지만, 미래를 위해 리튬 개발 사업은 반드시 진행돼야 한다는 목소리가 많다.

이 기사를 보면 골드만삭스는 "리튬은 새로운 석유Lithium is the New Gasoline"라고 표현하였다. 리튬이온 배터리를 한마디로 압축한 훌륭한 문구가 아닐 수 없다. 제4차 산업혁명의 시대에는 화석연료의 시대가 가고 신재생에너지 체제로 바뀌기 때문이다.

신재생에너지는 태양광이나 풍력 등이다. 비록 에너지 효율은 떨어지나 무어의 법칙인터넷 경제의 3원칙 가운데 하나로, 마이크로칩의 밀도가 18개월마다 2배로 늘어난다는 법칙처럼 기하급수적으로 늘어나면, 현재는 무시할 만한 수준이나 몇 년이 지나면 석유에너지를 대체할 정도로 각광을 받을 것이다.

현재만 보더라도 휴대폰, 전기차, 드론, 휴머노이드 등 석유를 기반으로 한 IoT제품은 없다. 결국 신재생에너지가 석유를 대신할 것이고, 이 신재생에너지를 담아놓을 그릇이 필요하다. 그것이 배터리이고 이 배터리는 리튬으로 만들어진다.

그런데 현재는 초기시장이다. 아직 IoT 시대가 열리지도 않았기 때문이다. 앞으로 1인당 1000개의 IoT가 열리는 시대가 온다면 1조 개이상의 상호연결이 일어난다. 그런데 그 IoT가 대부분 배터리로 움직인다. 자율주행차, 드론, 휴머노이드, 산업용로봇, 무인비행기, 선박, 기타 등 모두 말이다.

그러니 배터리가 석유를 대체한다면 에너지 효율이 가장 좋은 리튬이 제2의 석유가 될 것이다. 마치 1차 산업혁명에서 2차 산업혁명으로 넘어올 때 석탄이 석유로 대체되었던 것처럼 말이다.

위의 기사 내용 중 놓쳐서는 안 될 또 하나의 정보는 "리튬의 t당 가격은 이달 초 3000만 원으로 1년 전 900만 원에 비해 3배 이상 올랐다"는 부분이다. 지금까지 기껏 해봐야 스마트폰 1대에 5~7g 정도 사용되던 리튬이 전기차 1대에는 40~80kg 정도가 들어간다. 무려 10,000배가 늘어난다. 이러한 원인 때문에 가격이 3배나 올랐다.

한편 중국은 2020년까지 전기차를 500만대 보급하겠다는 목표를 발표하였다. 전기차를 충천할 수 있는 인프라 확충에도 박차를 가하고 있다. 중국은 베이징, 상하이 등 대도시가 대기오염으로 몸살을 앓고 있다. 그런데 중국의 수뇌부는 민심의 동요를 가장 두려워한다. 대기오염으로 직간접적으로 죽는 인민이 많아질수록 체제가 흔들릴 수 있다. 공장을 친환경적인 기업 위주로 재편하고 교통체계를 전기차 등으로 바꿔 환경개선에 힘써야만 체제를 공고히 유지할 수 있다.

뿐만 아니라 중국은 돈이 많다. 이유도 충분하지만, 역량도 충분한 나라다. 현재 6만대 정도가 세계1위를 하는 시점에서 2020년까지 500만 대의 전기차 인프라를 갖춘다면 중국의 전기차 시장은 대단한 도약이 예상된다.

그러면 중국은 전기차 시장의 각축장이 될 것인가? 아니다. 중국은 아마도 자국의 업체에 일감을 몰아줄 것이다. 중국은 세계적인 배터리 기술을 갖춘 우리나라의 LG화학, 삼성SDI에 인증을 내주지 않으면서 교묘히 견제하고 있다. 이미 따라갈 수 없을 정도의 기술력을 갖춘 외국과는 중국의 회사와 50:50의 합자회사 형태로만 중국 진출을 허용하고 있다. 결국 그들의 목표는 기술력 빼오기다.

아직 세계 1위가 확정되지 않고 시장지배적 사업자가 나타나지 않은 기술, 이를 테면 전기차, 배터리, 태양광, 로봇 등과 같은 분야에서, 중국은 온 힘을 다해 자신의 기업을 키우고 발전시키는 데 노력을 다한다.

《아시아의 힘》이란 책을 보면 이런 내용이 나온다.

왜 동북아 3국 '일본, 한국, 대만'은 부자나라가 되었고 동남아 4국 '말레이시아, 태국, 인도네시아, 필리핀'은 그렇지 못했을까? 에 대한 근원적인 질문을 던진다. 이유는 일본, 한국, 대만은 유치산업을 보호하며 이들에게 각종 혜택을 주고 수출경쟁력을 키운 반면 동남아 4국은 자유시장 경제를 추구했기 때문이다.

경제학자 하면 떠오르는 이가 누구인가? 아담 스미스, 리카르도 등이다. 그런데 성공한 동북아 3국에서 가장 받들어 모셔야 할 경제학자는 프리드리히 리스트이다.

둘 간의 차이를 살펴보자. 영국의 아담 스미스는 자유무역주의 경제학자이고 독일의 프리드리히 리스트는 보호무역주의 경제학자이다. 영국과 독일의 시대 상황이 자유무역주의와 보호무역주의로 서로를 갈라놓았다. 이 책에서 리스트의 이론 중 가장 중요하게 본 것은 보호무역주의가 아닌 유치산업을 육성하는 보호무역주의 정도이다. 영국의 아담 스미스가 자유무역주의를 설파한 것은 당연하다. 영국은 강대국이고 식민지를 많이 거느린 나라다. 영국은 산업혁명으로 값싼 모직물이 넘치자 이를 인도와 중국 등에 팔아 막대한 부를 거둬들여 해가 지지 않는 나라가 되었다. 게다가 영국은 기축통화국으로 막강한 금융을 바탕으로 자유개방으로 더 많은 이득을 편취했다.

그러나 반대의 경우로 보면 어떨까? 식민지는 보호무역주의를 해야한다. 보호무역주의 중에서도 유치산업을 육성하기 위한 보호무역주의 말이다. 예를 들어 신흥국에서 수입만 하던 자동차를 어느 날 갑자기 민간기업 하나가 자국의 기술로 만든다고 하자. 그러면 자동차를 수출하던 선진국은 두 가지 방법을 쓴다. 협박과 회유 작전이다.

첫째 협박. 그전까지 비싸게 신흥국에 팔아먹던 자동차를 갑자기 1/10 가격으로 낮춰서 판매한다. 물론 지금은 반덤핑 관세로 보복을 당하고 WTO에서도 용납하지 않는다. 그러나 선진국이 제조업으로 한창 후진국에 수출하던 1970년대에는 이런 일이 비일비재했다.

신흥국에서 자동차를 만드는 회사는 어떻게 되겠는가? 품질 좋고 디자인 좋고 거기다가 가격까지 싼 선진국 자동차가 물밀듯이 들어오니 도산하고야 만다.

둘째 회유. 국산을 만들려던 회사를 꼬드겨 자신의 자동차 조립 하청업체로 만든다. 엔진이나 핵심부품은 선진국의 것을 그대로 가져다 쓰게 하고 그 회사는 단순 가공조립만 하게 만든다. 그러면 선진국 자동차회사는 안정적으로 부품과 라이선스를 팔고 신흥국 자동차회사는 기술개발 없이 안정적으로 국내시장을 장악할 수 있다.

이러한 점 때문에 리스트가 중요하다.

리스트는 1825년부터 1832년까지 미국에서 살았는데 알렉산더 해밀턴이 1971년 의회에 제출한 제조업 보고서에서 언급한 유치산업을 육성하는 보호주의 산업정책을 연구하면서 개발에 대한 그의 생각을 확립했다. 한 마디로 리스트는 신흥국에서는 온갖 방법을 다 써서 국가의 유치산업 보호정책을 써야 한다는 것이다. 자동차, 철강 등 중공업 분야가 세계적인 기업으로 성공할 때까지 자국의 유치산업을 보호해야 하며 그것은 그 나라 지도자의 생각과 역량 그리고 민간기업의 수장의 역할에 달려 있다는 것이다. 그래서 어떻게든 들어오는 수입품에 유치산업과 관련된 제품이 들어오면 고관세를 부과하고 자국의 유치산업이 세계의 초일류 제품과 경쟁을 할 때까지 보호해야 한다는 것이다.

이러한 리스트의 생각을 가장 잘 받아들인 곳이 일본이다. 일본은 독일과 2차 세계대전 동맹국이었고 리스트의 보호무역정책을 잘 흡수했다. 그러면서 일본은 서양과 어깨를 나란히 하는 선진공업국으로 거듭났다. 그리고 그것을 다시 한국의 박정희가 발전시켰다.

구체적으로 어떻게 진행되었는지 살펴보자. 박정희 전까지 이승만 정부는 아담 스미스의 자유주의 무역정책을 그대로 받아들여 유치산업이라는 개념도 없었고 게다가 금융시장마저 개방되었다. 그 결과 한국은 미국에 손 벌려 배급이나 타 먹는 거지꼴을 면치 못하던 상거지의 나라였다. 그러다 박정희가 쿠데타로 정권을 잡고 나서 국가의 방향은 완전히 반대로 갔다. 박정희는 관동군 중위로 복무하며 일본의 대규모 산업화 드라이브를 감독한 정예 군인이었다. 그는 일본이 이룬 성공을 한국에 접목시켜 국가의 부를 이루려는 꿈을 갖고 있었다. 물론 그는 독일의 성공과 터키의 케말 파샤, 이집트 압델 나세르의 현대적인 대규모 산업 육성 노력도 면밀히 공부했다.

일단 해방 귀족이라 불리는 현재의 재벌들을 모두 잡아들였다. 그리고 그들의 재산을 몰수했다. 국가에 헌납한다는 각서를 받고 그들을 풀어주었다. 그리고 그들에게 어떻게 수출을 하여 나라에 보국할 것인가를 강요했다.

이 대목은 아주 중요하다. 재벌이 있는데 그들이 그냥 정치권과 결탁하면 어떻게 될까? 아마도 쉬운 사업을 하려 할 것이다. 예를 들면 롯데와 같이 내수시장만 먹어치우는 대규모 백화점 사업이나 은행과 같은 사업만을 하고 독점권을 달라고 한다면 어떻게 될 것인가? 나라의 발전은 없고 국민들은 대부분 못살게 될 것이며, 소수의 정치권력과 소수의 재벌이 그나마 없는 부를 독점하는 그런 나라가 될 것이 아닌가? 그게 이승만 정부 시절 해방 귀족이 정권에 붙어먹은 짓거리이다.

그런데 박정희는 이렇게 하지 않고 수출을 어떻게 할 것인지 그 대책을 내놓으라 했고 만약 그런 대책이 없다면 전 재산을 몰수할 수도 있다는 경고를 주었다. 그래서 재벌은 박정희의 협박에 못 이겨 철강, 자동차, 조선, 전자산업 등 현재 우리나라가 일어설 수 있는 대부분의 중공업과 전자산업을 시작할 수 있었다.

물론 박정희는 IMF와 미국의 자유무역주의를 위한 개방을 귓등으로 들었으며 하는 척만 했지 실천하지 않았다. 그리고 수출하는 기업들에게 융자와 원자재에 대한 세금 및 관세를 면제해 주었고, 일본으로부터 배상금을 받아내서 수출기업들을 지원했다. 포스코의 박태준 회장은 이 돈의 출처는 전쟁배상금이며 조상의 피와 땀과 같은 돈이니 만약 사업이 실패하면 포항 앞바다에 빠져 죽자고 하며 직원들을 독려했다. 한국은 어려웠지만 고난을 뚫고 유치산업을 육성했으며 제조업에서 일본이 미국에게서 빼앗아왔듯이 일본에게서 한국이 그렇게 했다.

그런데 동남아 4국은 어떻게 동북아 3국과 다르게 몰락했는가? 필리핀은 1950년대에 한국보다 훨씬 잘살았는데 지금은 그 격차가 실로 크다. 필리핀을 비롯한 말레이시아, 태국, 인도네시아는 같은 길을 걸었다. 프리드리히 리스트의 조언을 듣지 않고 미국의 자유주의 개방경제를 따라갔다. 그로 인해 유치산업은 꽃을 피우지 못했으며 이승만 정권 시절과 같은 해방 귀족만이 남아 정경 유착했다.

말레이시아의 마하티르 총리는 자국의 재벌들에게 수출할 것을 강요하지 않았고 자연스럽게 외국의 자동차 조립공장과 같은 하청만 하거나 정부에서 독점사업권을 따내 자국 시장에서 손쉽게 돈을 벌었다. 인도네시아의 수하르토, 필리핀의 마르코스 또한 오십보백보였다. 그래서 이들 국가는 아직도 외국에 구걸을 하고 있으며, 자국의 엘리트 여성들을 싱가포르나 홍콩 등지로 보내 가정부를 만들고 있다.

그러면 《아시아의 힘》은 이 시대에 어떤 화두를 던지는가? 지금 뜨고 있는 나라는 중국이다. 중국은 동북아 3국 일본, 대만, 한국의 모델을 따라가는가? 아니면 동남아 4국의 모델을 따라가는가? 중국의 리더는 동북아 3국의 모델을 따라가고 있다. 한국이 일본의 궤적을 따라가서 일본을 추월했던 것처럼 중국도 자신이 그럴 수 있다고 생각한다.

중국 정부의 삼성, LG 견제도 노골적이다. 그들은 삼성SDI, LG화학이 현지에 공장을 지어 3원계 배터리를 공급하려 하자 위험하다는 이유로 배터리 보조금 지급을 거부했고, 한국이 문제를 삼자 새로운 표준을 만든다는 핑계로 무기한 연기해버렸다. 중국은 IMF와 미국 정부가 시장개방 압력을 행사해도 절대 굴복하지 않는다. 경쟁력이 생기고 나서야 마지못해 개방하는 박정희의 전략을 그대로 답습한다. 중국이 향후 취할 태도는 예상이 가능하다. 세상을 뒤바꿀 만한 기술이 국내로 들어오는 것을 용납하지 않을 것이며, 자신들의 기술이 성숙될 때에야 즉, 스스로 경쟁력을 갖췄다고 판단될 시점에 시장을 개방할 것이다.

배터리의 시장성은 무궁무진하다. 아직 시작도 하지 않은 분야이기에 가능성이 완전히 열려 있다. 미국 인구는 3억이며 그중 자동차를 소유한 인구는 2억5천만 명이다. 약 1.3명당 한 대 꼴이다. 그에 반해 중국 인구는 13억 명, 1인당 자동차 보유 대수는 11.6명당 한 대 꼴이다. 만약 중국의 전기차가 석유로 움직이는 내연기관의 자동차를 대체하고 미국만큼 1.3명당 한 대 꼴로 자동차를 보유하게 된다면 앞으로 10억 대의 전기차가 필요하다.

30만 대 선주문을 받은 테슬라가 기가팩토리를 지으면서 30만 대를 인도할 수 있네 마네 하는데 만약 10억 대의 시장이 열린다면 과연 어떤 일이 펼쳐질까? 중국만 해도 이 정도일진대 전 세계에 전기차 시대가 온다면 어떤 폭발력을 가질지 지금으로써는 상상하기도 쉽지 않은 일이다.

앞서 언급한 대로 중국은 자신들이 이길 수 있는 분야에 외국 업체들을 무분별하게 끼워 넣지 않는다. 마치 한국, 일본, 대만이 그랬던 것처럼 말이다. 유치산업을 보호해야 중국을 이끌어갈 대기업이 생긴다. 대기업이 없다면 중국의 미래는 암담하다. 비근한 예로 아프리카의 모리셔스라는 나라는 섬유가공무역으로 1인당 국민소득 1만불 수준까지 갔다가 후퇴를 거듭하고 있다. 섬유가공 무역으로 국민소득이 증가했으나 인건비가 올라가면서 임금경쟁력이 떨어졌고 아시아의 방글라데시가 그보다 훨씬 저렴한 저임금으로 글로벌 섬유회사의 공장을 유치해서 그들의 일감을 뺏어갔기 때문이다. 모리셔스는 임금이 올라가는 상황에서 그들에게 일감을 줄 자국기업을 발굴해내지 못했다는 실책을 범했다. 그 때문에 역성장에 빠지고 만 것이다.

외국인들이 신흥국에 투자할 때 염두에 두는 점 2가지가 있다.

① 시장이 큰가?

② 인건비가 싼가?

중국은 인건비도 싸고 시장도 큰 나라였다. 그런데 인건비가 비싸지면서 글로벌 기업들은 인건비가 더 싼 동남아로 생산기지를 옮기고 있다. 이런 상태에서 중국이 선택할 수 있는 길은 자국기업을 글로벌 기업으로 키우는 전략뿐이다.

문제는 중국이 선진국과 경쟁해볼 만한 기술이 아직 성숙단계에 접어들지 않았다는 점이다. 예를 들어 배터리와 전기차다. 이 분야를 외국에게 순순히 내줄까? 아니라고 본다. 더군다나 2020년까지 500만 대의 엄청난 시장이 생기는 만큼 중국은 아마도 자국 업체에 유리한 정책을 펼칠 것이다.

CMOS 센서(카메라 센서)

로봇 등을 비롯한 자동으로 움직이는 모든 IoT 기기의 작동 원리는 다음과 같다.

① 센싱Sensing감지카메라CMOS; 레이더, 라이다, 청각, 촉각, 미각센서 등 각종 센서
② 컴퓨팅Computing연산, 계산AP, 메모리, 플랫폼, 인공지능 등
③ 액션Action반응, 행동스피커, 디스플레이, 각종 행동 등

이렇게 3단계를 거친다. 감지를 하고 그것을 자신이 가지고 있는 컴퓨터로 보내거나 데이터를 통해 데이터서버로 보내면 내부에 있는 컴퓨터나 데이터센터의 AI컴퓨터가 연산을 한다. 그리고 다시 데이터를 통해 로봇에게 지시를 하면 움직이는, 총 3단계로 진행된다.

1단계인 센싱Sensing단계에서 가장 중요한 요소는 카메라다. 카메라의 성능은 자율주행차를 움직이는 데도 아주 중요하다. 왜냐하면 카메라 외의 레이더, 라이다 등은 아주 먼 거리의 물체를 인식하는 데 한계가 있고 현재 AI컴퓨터가 머신러닝machine learning: 기계학습을 하는 방식이 데이터가 아닌 그래픽으로 된 실제 세상을 모델로 학습하기 때문이다.

게다가 스마트폰, 노트북 등 여러 가지 감지센서를 쓸 수 없는 저가형 기기들은 그중 가장 많이 쓰는 도구가 CMOS센서카메라센서이다. 그러므로 카메라 센서는 향후 쓰임새가 비약적으로 증가할

핵심부품이다.

카메라센서를 만드는 기업들의 시장점유율을 살펴보자.

카메라센서의 강자는 일본의 소니다. 소니는 2000년대 초반까지만 해도 아날로그의 강자였다. 그런 소니가 디지털로 바뀌는 세상에 적응하지 못하고 뒤처지고 말았다. 워크맨을 만들고 세상을 지배하던 소니는 더 이상 세계 최고가 아니다. 그러나 그들이 만들고 있는 CMOS센서만큼은 현재 세계 최고이다.

삼성은 갤럭시노트7을 발표하고 홍채인식이 가능하다고 설명했다. 동일한 홍채가 나올 확률이 1조분의 1이라고 하니, 오류가 나올 확률도 1조분의 1이라는 말이다.

그런데 사실일까? 아니다. 같은 홍채가 있을 확률은 1조분의 1이지만, 카메라의 성능이 떨어지면 그 정도로 정확하지 않다. 카메라가 고성능카메라일 때 1조 분의 1이다. 게다가 드론이나 휴머노이드 로봇, 자율주행차 등의 생명은 CMOS센서이다.

일단 감지단계인 Sensing은 CMOS센서에 크게 의존한다. 있는지 없는지 감지하는 것이 레이다와 같은 역할이라면 정확히 무엇인지를 감지하는 역할은 CMOS센서의 몫이다. 그러니 감지단계에서 가장 넓은 부분을 차지하는 것은 CMOS센서이다. 그리고 레이더는 없어도 되지만 CMOS센서는 없으면 안 된다. 사진을 찍어 기록할 때도 CMOS센서의 역할이 필요하기 때문이다

메모리, 디스플레이, SSD

낸드플래시와 D램의 공통점은 둘 다 메모리라는 점이다. 낸드플래시의 정확한 이름은 낸드플래시 메모리다. 메모리는 저장을 담당하는 장치다. 낸드플래시와 D램의 차이는 저장이 되고 안 되고의 차이다. D램은 저장이 되지 않는 반면 낸드플래시는 저장이 된다. 속도 면에서 D램은 빠르고 낸드플래시는 느리다. D램은 CPU 시대에 필요했고 낸드플래시는 모바일 시대에 필요하다. 그러면 낸드플래시와 하드디스크의 차이는 무엇일까? 낸드플래시는 메모리고 하드디스크는 자기테이프이다.

왜 갑자기 낸드플래시 시대가 왔을까?

PC 시대는 PC를 빠르게 돌리는 것이 생명이었다. PC통신이나 인터넷 초기 시장에서는 속도가 느려서 페이지 하나를 띄우거나 그림 이미지를 띄우는 데 시간이 오래 걸렸다. 계산을 해 나가는 것 자체가 시간이 걸렸기 때문에 CPU가 훨씬 큰 비중을 차지했다. 그래서 인텔이 중요한 회사였고 전도유망했다.

그런데 지금은 모바일 시대다. 스티브 잡스가 아이패드를 만들어 PC 헤비유저들에게 시연을 권유했다. 그런데 헤비유저들은 혹평 일색이었다. 왜냐하면 그들은 게임광이었기 때문이다. PC 사용량이 많은 사람들은 게임광이나 그래픽디자이너 등이었는데, 이들은 제품을 혹평했다.

그러나 결과는 그들의 예상을 빗나가 아이패드가 대성공을 거두었다. 아이패드로 게임은 하기 어렵지만, 검색에는 아무 문제가 없다. 대부분의 사람들이 PC를 쓰는 이유도 검색이다. 헤비유저보다 일반유저들이 왜 컴퓨터를 쓰는지 확인했다면, 헤비유저들에게 시연을 맡길 이유도 없었다.

스마트폰을 보자. 사람들이 스마트폰을 쓰는 이유는, 기본인 통화를 제외하면, 사진이나 동영상을 찍거나, 그림을 보고 읽는 목적이다. 그래서 저장공간이 중요해졌다. 수많은 사진과 동영상을 저장할 공간이 필수적으로 필요하게 된 것이다.

개인뿐만이 아니다. 세계 시가총액 10대 기업 중 구글, 페이스북 등 SNS와 동영상 스트리밍을 하는 기업들이며, 이들은 전 세계인을 대상으로 한다. 전 세계에서 매시간, 매분, 매초 새로운 동영상이 올라온다. 그러니 엄청난 양의 데이터 저장공간이 필요하다.

저장공간은 그들의 데이터센터에 저장된다. 그 많은 양의 동영상과 그림 이미지를 어디에 저장할 것인가? 하드디스크라고 생각하면 안 된다. 저장공간은 낸드플래시다. 하드디스크는 말 그대로 자기디스크에 물리적으로 저장을 하기 때문에 속도를 높이는 데 한계가 있다. 낸드플래시는 D램보다는 속도가 느리나 하드디스크보다는 훨씬 빠르다. 그래서 낸드플래시SSD를 쓴 노트북을 켜면 윈도우 부팅 속도가 하드디스크를 쓰는 노트북보다 현저히 빠르다.

그리고 하드디스크는 기본적으로 발열이 심하다. 그러나 낸드플래시는 발열이 적다. 발열이 많으면 전력량 소모가 많다는 약점이 생긴다. 특히 스마트폰에는 적당하지 않다. 하드디스크를 쓴다면 쓰고 지우는 데 열이 발생하여 배터리 소모가 높다. 그러니 스마트폰에 하드디스크를 쓰지 않고 낸드플래시를 쓰는 것이다.

데이터센터는 어떨까? 속도가 느린 데다가 발열도 많이 일어나니 전기세가 많이 나온다. 게다가 열이 발생해 오작동도 자주 일어난다. 그래서 마이크로소프트는 데이터센터를 해저에 지을 생각도 했다. 그런데도 왜 하드디스크를 썼을까? 가격이 싸고 낸드플래시보다 저장공간이 넓기 때문이다. 낸드플래시는 기가단위를 쓰는데 하드디스크는 테라단위를 쓴다. 그러니 PC에서는 아직도 하드디스크를 주로 사용한다.

하지만 이제 낸드플래시는 기술의 혁신을 통해 가격이 많이 떨어지고 저장공간이 넓어지기 시작했다. 기술혁신의 핵심은 나노에서 3D로의 변신이다.

나노는 미세공정인데 10nm, 20nm 단위다. 나노기술의 원리는 좁은 공간 안에 얼마나 많은 데이터를 넣을 것인지인데, 더 이상 작아지기 힘들 정도가 되었다. 그래서 나온 대안이 3D다. 3D는 쌓기 때문에 3D인데 단독주택에 새로운 물건을 계속 넣다가 어느 순간, 집을 넓힐 생각은 하지 않고 왜 더 많은 물건을 어떻게 넣을 것인가만 고민해? 라는 수준에 이르게 되었다. 그래서 사람들은 아파트를 만들어 2층, 3층, 혹은 그보다 훨씬 높게 집을 쌓아올렸다. 이 같은 원리로 나온 제품이 바로 3D 낸드플래시다.

목적이 바뀌면 도구도 바뀌게 되어 있다. 더 많은 이미지와 동영상을 올리는 시대가 오고, 기기를 사용하는 목적이 동영상으로 바뀌자 목적에 의해 기기가 바뀌게 되었다. 그 목적에 부합하는 필요조건은 속도가 아니라 더 많은 저장 공간이다. 그래서 낸드플래시의 수요가 폭발적으로 늘어나게 된 것이다.

향후 낸드플래시 수요는 계속 폭발할까? 그렇다고 본다. 앞으로는 동영상의 세계가 올 것이다. 플레이보이는 더 이상 잡지를 만들지 않는다. 사진이 동영상을 능가할 수 없기 때문이다. 이는 매우 커다란 사건이며, 투자의 기회를 주는 주요 변화이다.

그래서 페이스북은 다가올 동영상의 세계를 예상하고 오큘러스리프트와 같은 VR제조업체를 비롯해 동영상 쪽의 라인업을 갖추기 시작했다. '감각의 시대' 그것이 대세이다. 그럴수록 낸드플래시는 더 필요한 존재가 된다. 그래서 인텔은 울며 겨자 먹기로 다시 낸드플래시 개발을 시작했다. 3D 낸드플래시부터 말이다.

제4차 산업혁명시대의 주식투자법 ④
_인공지능에 투자하라

간담이 서늘할 수도 있는 기사 제목이 하나 있다.

"현재 직업의 절반은 20년 안에 사라질 것" 직업별 컴퓨터 대체 가능성 조사

옥스퍼드 마틴스쿨 칼 베네딕트 프레이 교수와 마이클 오스본 교수는 '고용의 미래: 우리의 직업은 컴퓨터化에 얼마나 민감한가'라는 보고서에서 "자동화와 기술 발전으로 20년 이내 현재 직업의 47%가 사라질 가능성이 크다"고 지적했다.

컴퓨터의 발달로 인해 가장 크게 타격을 입을 직업은 텔레마케터 0.99로 조사됐다. 화물 운송 중개인, 시계 수선공, 보험 손해사정사 역시 같은 점수를 받아 고高위험군에 속하는 것으로 조사됐다.

전화 교환원, 부동산 중개인, 캐셔계산원는 0.97, 택시 기사도 0.89점으로 높았다. 요즘 젊은이들이 선망하는 전문직 역시 안전지대는 아

니었다. 판사는 0.4로 271번째 안전한 직업에 그쳤고, 경제학자0.43는 282번째였다.

앞으로는 단순작업을 하는 직종은 가장 빨리 기계로 대체되고 의사, 변호사, 판사, 세무사, 회계사, 펀드매니저 등도 인공지능 컴퓨터 앞에서는 없어질 직업이 될 가능성이 높다.

사실 인공지능이 노리는 직업은 전문직이다. 전문직은 돈을 많이 받기 때문이다. 이렇게 돈을 많이 받는 직업을 대체하면 인공지능 컴퓨터의 서비스 수수료가 비싸더라도 기꺼이 지불하지 않겠는가.

지금까지 기계가 인간의 일자리를 뺏었지만 그것은 노동의 일자리뿐이었다. 그러나 앞으로는 지식의 일자리를 뺏기에 더욱 파괴적이다. 자기파괴적인 혁신이기 때문에 더욱 치명적이다.

지금까지의 산업혁명은 자기파괴적이지 않았다. 서울대학교 이근 교수의 《산업의 추격, 추월, 추락》이라는 책을 보면 기업의 흥망성쇠가 되는 혁신이 나타나는데 그것을 2by2로 나눈다.

즉 4가지 경우다.

첫 번째, 자신에게 유리한 혁신을 스스로 한 경우다.

가장 좋은 모델로, 삼성전자의 메모리 반도체를 예로 들 수 있다. 삼성은 자기혁신으로 숏사이클이 아닌 슈퍼사이클 국면으로 만들었다. 숏사이클은 경쟁력의 주기가 짧아져 자신의 기술이 더 이상 경쟁력이 없어진 경우이다. 슈퍼사이클이란 경쟁자가 따라올 수 없을 정도의 기술혁신으로 십수년간 세계적인 제품으로 경쟁력을 이어가는 것을 말한다.

두 번째, 혁신은 타인이 한 혁신인데 자신에게 좋은 경우다.

상호보완의 관계이기 때문에 자신은 그 혁신을 받아들이면 된다.

세 번째, 혁신은 내가 한 혁신인데 자신을 파괴하는 경우다.

안 좋은 경우인데 예를 들자면 코닥이 필름산업을 무너뜨릴 디지털카메라를 개발하고도 그것을 덮은 경우다. 그러므로 코닥이 무너진 원인은 자신의 이전 결정 때문이었다.

네 번째, 혁신은 남이 한 혁신인데 자신을 파괴하는 경우다.

가장 안 좋은 경우 두 가지로 가야 한다. 먼저 다른 곳으로 피한다. 지금의 후지필름처럼 필름산업이 디지털카메라로 무너지자 디스플레이와 화장품 산업으로 종목을 바꾸었다. 다른 하나는 그것을 받아들이는 경우다. 캐논은 카메라업체였는데도 디지털카메라를 빨리 받아들여 디지털카메라의 강자가 되었다. 그러나 미러리스 카메라 시장에서는 뒤처졌다.

앞으로 우리가 맞닥뜨려야 하는 경우는 세 번째이다.

즉 자신이 한 혁신인데 자기파괴적인 경우다. 지금까지 산업혁명은 자기파괴적이지 않았다. 일자리를 위협하긴 했지만 인간을 돕는 혁신이었고 단순노동직이 아니라면 오히려 자기에게 유리한 혁신이었다. 물론 전화교환원 등과 같은 직업은 사라졌지만 육체노동을 대체했지 정신노동을 대체하진 않았으니까 말이다. 그러나 앞으로는 정신노동을 대체한다. 인간이 할 일이 없어지는 결과를 가져온다.

대표적으로 어떤 직업인가? 의사, 변호사, 판사, 펀드매니저와 같은 고소득 전문직을 노린다. 그러니 그 이하 직업은 오죽하겠는가? 고소득 전문직을 노리는 이유는 앞서 설명한 대로 돈을 많이 벌 수 있기 때문이다. 그만큼 대체효과가 뛰어나다. 그래서 로봇의 수술이 외과의사를 대체하고, 알파고와 같은 클라우드 컴퓨터가 변호사와 판사를 대체하고, 알고리즘이 펀드매니저를 대체한다. 그래서 요즘 이런 제목의 기사들이 뜨곤 한다.

"몸값 비싼 펀드매니저보다 컴퓨터가 낫네."

인간에 대한 기계의 도전이 본격화되었다. 그런데 우리 인간은 없어지는 일자리 앞에서 속수무책이다.

《로봇의 부상》이라는 책을 보면 뉴욕의 스타트업 워크퓨전 WorkFusion이라는 곳은 회사에서 사무직을 전부 없애 버릴 수 있는 파괴적인 모습을 보여준다. 예를 들자면 사장이 어떠한 일을 컴퓨터에게 지시하면 컴퓨터는 사무직을 아웃소싱한다. 웹페이지에 광고를 내서 프리랜서를 모집하고 프리랜서의 역량이 떨어지면 다른 일로 배치하고 그로부터 결과물을 받는다. 그러나 이게 끝이 아니다. 기계학습 알고리즘을 통해 이와 비슷한 일은 앞으로 기계가 대체한다. 그리고 새로운 일이 사장으로부터 떨어지면 다시 프리랜서를 모집하고 결과물을 받은 후 다시는 똑같은 일에 대해서는 프리랜서를 시키지 않는다.

이런 식으로 한다면 사무실의 사무직을 모두 없앨 수 있다. 얼마나 파괴적인가?

인공지능 컴퓨터는 인간의 모든 곳으로 확장된다. IoT 기기들도 인공지능 컴퓨터가 없으면 비싼 장난감에 불과하고 전문직부터 단순노동까지 모든 직업의 직업군을 없애고 줄어들게 만든다. 인간의 영역에 전방위적인 영향이 미친다.

그렇다고 우리 인간이 속수무책으로 당하고만 있을 수는 없지 않은가. 여기서 생각해야 할 일이 있다. '우리의 직업이 사라진다.' 피할 수 없는 현실이다. 우리는 이 대목에서 무엇을 해야 하나? 걱정만 하고 있을 것인가? 아니다. 그 직업을 없앨 회사의 주식을 사면 된다. 이렇게 장치를 해두면 의사, 변호사, 판사, 펀드매니저, 트럭운전수, 택배배달원 등의 직업이 없어지더라도 불안하지 않고 오히려 속으로는 박수를 치지 않을까?

그 많은 직업이 없어지는데 그 수익은 누구에게 가는가? 그 회사 주주의 몫이다. 왜 걱정만 하고 있는가? 얼마든지 맞대응할 수 있는데 말이다.

생각만 바꾸면 위기가 기회로 보인다. 언제나 그래왔다. 산업혁명을 거치면서 위기에 내몰린 사람들이 생기는 반면, 엄청난 기회를 잡은 사람들도 존재한다. 위기에 내몰린 사람이 되지 않으려면 엄청난 기회를 잡는 사람의 수익을 나눠가질 방법을 고민해야 한다. "세상이 바뀐다"고 어두운 미래를 예견하는 〈명견만리〉 같은 프로그램을 보면서 한숨만 쉴 것이 아니라, 인공지능을 잘 만드는 회사의 주가차트를 확인하자. 국내에만 머물지 말고 세계로 눈을 돌려서 말이다. 지금은 누구나 언제라도 세계 주요 기업의 주식을 얼마든지 사고팔 수 있다. 그 사실조차 모른다면 스스로에게 너무 무책임한 것은 아니었는가?

AI 살바싸움… '왓슨과 알파고' 누가 이길까?

글로벌기업들은 저마다 강점을 내세우며 AI 기술 개발에 앞 다퉈 나서고 있다. AI 기술 각축전은 앞으로 '플랫폼 전쟁'으로 진화될 가능성이 크다. AI는 데이터, 컴퓨팅파워, 알고리즘이라는 3박자를 갖춰야 하는데 특정기업이 범용 플랫폼을 장악하면 주도권 쏠림현상이 불가피하다

2016년 5월 19일자 News1

이런 기사를 찾아보며 돈 벌 궁리를 해야 하지 않겠는가? 이세돌이 알파고에 졌다는 사실에 가슴 아파하고, AI가 우리 인간을 먹어치우는 건 아닌지 걱정만 할 것이 아니라, 성큼 다가온 투자기회를 잡아야 하지 않겠는가?

슈퍼컴퓨터급의 인공지능이 있어도 써먹지 못하면 아무 소용이 없

다. 그러니 자율주행차, 드론, 휴머노이드 로봇 등을 조종하는 AI 컴퓨터의 최종승자가 누구인지, 의사, 변호사, 펀드매니저 등 전문직을 대체할 AI 컴퓨터의 최종승자가 누구인지 지켜보아야 한다. 그리고 예측해야 한다.

모든 업무 범위에서 광범위한 전쟁이 일어날 것이고 최종승자는 과점하며 1위 업체가 모든 이익을 독점할 것이다. 모든 분야를 다 살 수도 있지만 특정 몇몇 회사를 사서 보유를 하다가 시장점유율 1위 업체가 정해지면 그때 다시 갈아타는 방법도 나쁘지 않다. 예를 들면 자율주행차가 쓰는 AI 컴퓨터의 시장점유율 또는 드론, 휴머노이드, 로봇 등을 움직이는 물체는 물론이고 개인용, 산업용, 군사용까지 통틀어서 시장점유율이 나올 것이다.

그러니 그때 선택하면 매우 안전한 투자가 될 수 있다. 그러나 그때까지 기다리기 힘들다면 모든 기업을 다 사두는 것도 나쁘지 않다.

4부

나는 이런 기업에
투자한다

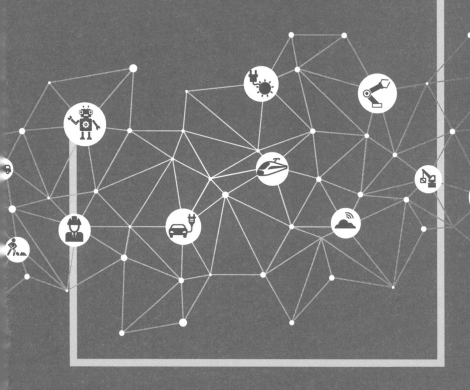

'추천종목'이 아닌,
현재 '투자중'인 종목

　4부에서 소개하는 종목들은 내가 직접 투자하고 있는 4차산업혁명 시대 핵심 종목들이다. 국내와 해외를 막론하고 장기투자가 가능한 투자 1순위 종목들이며, 웬만해서는 종목을 교체할 이유가 없다. 단, 상황이 바뀌어 종목을 바꿔야 할 수도 있다.

　추천종목이 아닌 내가 현재 투자하고 있는 종목이라는 사실을 잊지 말기 바란다. 보통 투자자들은 전문가들이 추천하는 종목을 사놓고 상황변화에 대처하지 못하는 경우가 많다. 그래서 낭패를 보곤 한다. 상황변화가 일어나지 않을 종목을 투자하는 것이 원칙이지만, 그래도 글로벌 경제환경은 언제나 변수가 도사리고 있으므로, 맹신하거나 덮어놓고 10년, 20년 기다리기만 해서는 예상치 못한 결과를 얻을 수도 있다.

　나 역시 장기적인 안목에서 투자하고 있지만, 그리고 종목을 바꿀 생각이 지금은 없지만, 어쩔 수 없이 종목을 교체해야 하는 상황이 오면 미련 없이 기존 종목을 버리고 새로운 종목을 찾을 것이다. 저자로서 이 책을 읽는 독자들에게 일일이 종목교체와 매도 시점을 알릴 수 없기에 밝혀두는 바이다.

그러니 이 책에서 제시한 원칙을 잊지 말고, 상황변화에 유연하게 대처하는 투자를 하기 바란다. 그러면 나를 원망할 일도 일어나지 않을 것이며, 그 어떤 투자보다 안정적이면서 수익률도 높은 투자성적표를 받을 수 있을 것이라 확신한다.

해외투자라고 하면 막연히 어렵거나 넘기 어려운 높은 장벽이 있을 것이라 지레짐작하는 사람들이 많다. 하지만 결코 어렵지 않다. 국내 주식투자와 별반 다를 게 없다. 이미 많은 사람들이 해외투자를 하고 있고, 전세계인들이 국내를 벗어나 해외투자에 익숙한 시대가 되었다. 집에 가만히 앉아 전세계 주요 증시에 속한 종목들의 가격변화를 실시간으로 확인할 수 있다. 글로벌 투자시대를 맞아 세계에서 투자하기 가장 좋은 종목을 찾는 일을 더 이상 미루지 말자.

해외주식 계좌 및 세금

해외주식 계좌 개설

해외주식 계좌는 직접 증권사를 방문하여 개설하는 방법과, 스마트폰으로 간편하게 개설하는 방식이 있다.

직접 증권사를 방문하면 증권사 직원의 친절한 설명을 듣고 만들면 된다. 그러나 오프라인 지점이 없는 증권사가 있어 오프라인으로 계좌를 만들 수 없는 경우가 있고, 지방에 살면 계좌 개설하기도 힘들다.

그래서 이왕이면 스마트폰의 앱으로 간편하게 만드는 것이 좋다. 키움증권, 미래에셋증권, 삼성증권 등 모두 스마트폰 앱으로 간단히 개설할 수 있으니 이것을 이용하면 좋을 것 같다.

스마트폰에서 구글의 플레이스토어나 아이폰의 앱스토어에 들어가 자신이 아는 증권사를 선택한다. 일례로 미래에셋계좌 개설이라고 치면 계좌 개설앱이 나올 것이다. 그럼 그것을 터치하여 계좌개설에 대한 정보를 입력하고 자신의 주민등록증을 스마트폰 카메라로 찍어 전송하면 가상계좌가 만들어진다. 그리고 가상계좌로 1000원 이하의 금액을 송금하면 계좌가 개설된다.

계좌를 개설할 때 잘 모를 경우 해당 증권사의 전화번호로 전화를 하면 친절히 답해준다. 증권사에 따라서는 새벽까지 전화를 받는 직원이 있으니 야간에도 전화 상담이 가능하다. 계좌를 개설한 후 거래는 스마트폰의 앱을 이용해도 되고 HTS홈트레이딩 시스템: Home Trading System을 통해서도 가능하다. 거래방법은 증권사마다 다르고 메뉴가 다르기 때문에 직접 해당 시스템의 설명을 보며 해보는 수밖에 없다. 그래도 모르면 증권사로 전화해서 일일이 물어보면 상담직원이 친절하게 가르쳐 줄 것이다.

수수료

수수료는 한국투자증권은 미국이, 일본은 NH투자증권이, 홍콩이나 중국은 미래에셋대우, 대신증권, 신한금융투자, 하나대투증권이 싸다.

편리함에 있어서는 삼성증권이 가장 편리하다.

키움증권 같은 경우 홍콩, 상해, 심천만 거래하는 프로그램과 미국주식을 거래하는 프로그램, 한국주식을 거래하는 프로그램을 다 따로 띄워야 하고 일본주식과 유럽주식, 대만이나 신흥국 주식은 전화로 거래해야 하기 때문에 수수료가 비싸고 불편한 점이 있다.

그런 면에서 세계의 모든 주식을 거래할 수 있는 삼성증권은 가장 편리한 것 같다. 게다가 한 프로그램으로 전부 거래가 가능해 한 계좌에서 내 수익률을 모두 비교해 볼 수 있다. 그러나 수수료가 비싸다는 단점이 있다. 그래서 필자는 수수료가 싼 미래에셋대우로 미국, 한국, 일본, 중국, 홍콩의 주식을 거래하고 유럽, 대만 등 전화로 거래해야 하는 것은 삼성증권을 이용한다. 삼성증권이 수수료가 비싸도 전화 거래보다는 HTS 거래가 저렴하고, 주식을 사고 나중에 팔거나 수

주요 증권사별 해외 주식 거래(HTS) 수수료

기업명	미국		일본		홍콩		후강통(상해A)	
	수수료율	최소	수수료율	최소	수수료율	최소	수수료율	최소
한국투자증권	0.25	5,460	0.7 (오프라인)	36,786	0.40	없음	0.40	8,746
현대증권	0.25	6,006	0.50	45,983	0.35	18,309	0.30	없음
삼성증권	0.25	10,920	0.30	45,983	0.30	56,336	0.30	없음
NH투자증권 (구 우투증권)	0.25	10,920	0.25	9,197	0.30	14,084	0.30	10,495
미래에셋증권	0.25	10,920	0.30	없음	0.30	없음	0.30	없음
대신증권	0.25	10,920	0.30	4,598	0.30	없음	0.30	없음
신한금융투자	0.25	10,920	0.5 (오프라인)	45,983	0.30	없음	0.30	없음
대우증권	0.30	6,006	0.30	9	0.30	없음	0.30	없음
하나대투증권	0.30	10,920	−	−	0.30	14,084	0.30	8,746

자료 : CEO스코어, 각사 / 단위 : %, 원
*최소수수료는 10일 환율 기준(USD, JPY, HKD, CNY)
대우증권은 미래에셋대우와 합병되었음.

익을 비교해볼 때도 편리하기 때문에 이렇게 이용한다. 이것저것 귀찮으면 삼성증권 하나만 해도 된다.

세금

❶ 양도소득세

해외주식에는 양도차익이 났을 경우 양도소득세 20%와 주민세 2%, 총 22%가 붙는다. 양도차익이 났을 경우 세금을 내기 때문에 양도차손손실이 발생해도 꼭 신고하여 불이익을 받지 않도록 해야 한다.

❷ 배당세

연간 2000만 원 이하의 배당을 받게 되면 14.4%(현지 소득세 10% +국내 소득세4% + 주민세 0.4%= 합계 14.4%)를 분리과세한다. 그러나 2000만 원 이상의 배당소득에 관해서는 소득이 발생한 다음해 5월 31일까지 종합소득세를 합산하여 신고해야 한다.

자세한 내용은 세무사와 상담하길 바란다.

AP 설계

소프트뱅크

소프트뱅크 주식회사영어: SoftBank Corporation, 일본어: ソフトバンク株式會社 는 1981년 9월 3일 일본 도쿄에서 설립된 고속인터넷, 전자상거래, 파이낸스, 기술 관련 분야에서 활동하는 일본의 기업 겸임 일본의 이동통신사이다. 사장은 한국계 일본인인 손 마사요시손정의이다.

모바일 AP 설계 생산 세계1위 ARM 보유2016년 9월 6일 인수 완료: 95% 시장점유율

소프트뱅크는 전 세계에 인터넷 관련 자회사 800개, 미국 스프린트 코퍼레이션 미국 통신업체 3위 보유, 휴머노이드 로봇 페퍼 등이 있다.

손정의, 현금 36조원에 ARM 인수 "싸게 사 신난다." – "모든 사물이 인터넷에 연결되는 사물인터넷IoT Internet of things은 기회이며 ARM의 장래 성장 여력을 생각하면 싸게 산 것이다. ARM 인수는 내 인생에서 가장

신나는 일"이라고 말했다

ARM의 기술은 연간 148억 개의 반도체에 쓰인다. ARM이 설계한 반도체는 다양한 스마트폰에 들어 있다. 스마트폰의 통신용 반도체 중 ARM이 설계한 반도체가 90% 이상을 차지한다. "미국 애플이나 한국 삼성전자의 스마트폰도 암ARM 없이는 단말기를 만들 수 없다."

"30년 후에는 전등이나 가로등을 시작으로, 1인당 환산하면 1000개 정도의 물건이 네트워크를 통해 연결될 것이다."

"지금까지 한 투자도 모두 패러다임 변화의 시작 단계에서 결단했다. 다음 패러다임 시프트는 사물인터넷이다."

출처 : 위키백과

AP 생산

퀄컴

퀄컴은 1985년, 캘리포니아 대학교 샌디에이고 교수로 재직 중이던 어윈 M. 제이콥스前 회장와 MIT 동창생인 앤드루 비터비, 하비 화이트, 아델리아 코프만, 앤드루 코헨, 클라인 길하우젠 그리고 프랭클린 안토니오, 총 7명이 모여 설립했다. 이중 제이콥스와 비터비는 이전에 링커비트를 설립한 경험이 있었다. 1985년부터 2005년까지 20년 동안 제이콥스가 CEO를 맡았으며, 그의 아들 폴 E. 제이콥스가 그 자리를 이어받았다.

OmniTRACS는 2가지 방식으로 위성통신과 물류수송 시장에 적합하게 설계된 지리위치 트레일러 추적 기술이 있다. 2005년 여름, 4개 대륙에 있는 운송 기업에서 567,000 차량이 채택하여 사용하고 있다.

퀄컴은 CDMAoneIS-95, CDMA 2000과 CDMA 1xEV-DO의 발명

기업이다. 이 기술은 무선 휴대전화의 통신으로 사용되는 표준이다. 퀄컴은 세계적으로 적용된 3G 기술, W-CDMA 등 다수의 핵심 특허를 소유하고 있다. 이런 발명의 특허로 인하여 벌어들이는 특허비와 특허 관련 제품이 퀄컴의 주요 사업이다.

퀄컴은 다양한 ARM 아키텍처 CDMA와 모바일 스테이션 모뎀MSM, Mobile Station Modem 같은 UMTS 모뎀 칩셋, 기본대역 라디오 프로세서와 전력 프로세서 칩을 설계한다. 이 칩은 CDMA와 UMTS용 휴대전화를 제조하는 교세라, 모토로라, 샤프, 산요, LG전자와 삼성전자 같은 휴대전화기 제조사에 판매된다. '팹리스' 반도체 기업으로 통하는 퀄컴은 제조 공정을 담당하는 공장을 직접 소유하지 않고 위탁 제조를 한다. 삼성전자도 퀄컴의 칩셋을 생산하는 파트너 중 하나이다. 퀄컴이 설계한 칩은 세계 CDMA와 UMTS 시장에서 수많은 핸드셋과 각종 장치의 핵심 부품으로 사용된다. 2007년 여름에, 퀄컴은 인텔, 텍사스 인스트루먼트, 삼성전자 등 상위권 반도체 기업 다음으로 세계적인 반도체 기업에서 10위에 포함되었다.

AP 생산 1위 기업 : 4세대 이동통신LTE 모뎀칩셋 시장점유율 1위 69.4%

출처 : 위키백과

배터리

BYD(비야디)

전기차 세계1위
배터리 세계2위

비야디 자동차중국어: 比亞迪汽車는 중국 선전에 있는 자동차 제조사로 충전지 제조업체인 비야디 주식회사의 자회사로 2003년에 설립되었다. 2008년 12월 비야디 자동차는 'F3 듀얼 모드'라는 삽입식 하이브리드 자동차를 양산하여 판매하기 시작하였다.

중국 시안에서는 택시의 절반가량이 비야디의 F3이다. 비야디는 2007년 하반기 산시성 정부와 협력을 맺고 이 지역에 F3를 택시로 공급하기 시작하였다.

2016년 상반기 판매량 4만3244대 1위

2015년 글로벌 배터리 생산량 11.2% 2위

출처 : 위키백과

CMOS 센서(카메라 센서)

소니

소니 주식회사일본어: ソニー 株式會社, 영어: Sony Corporation는 일본 다국적 기업이다. 사업은 전자기기, 게임, 엔터테인먼트, 금융 등이며, 음향/영상 기기, 방송기재에서 독보적인 위치를 차지하고 있다.

창업자는 모리타 아키오盛田昭夫와 이부카 마사루井深大이며, 1946년 5월 7일 설립 당시의 이름은 도쿄 통신 공업 주식회사東京通信工業株式會社였으며 직원도 20여 명에 지나지 않았다. 40년대 말 최초로 생산한 제품은 전기밥통이었다. 소니는 워크맨과 트리니트론으로 세계 시장에서 상당히 유명해졌으며 2014년 기준 전 세계에 14만여 명의 직원을 두고 있다. 2015년 현재 세계 TV시장 점유율 3위권, 세계 반도체 판매 순위에서 20위권 내에 포함되는 기업이다.

회계 연도 2005년2006년 3월 31일 종료, 소니는 총 8조엔약 680억달러 가량의 매상을 기록했다. 전체 수익 중 주력 사업인 전자기계 부문이 차지하는 비율은 64.3%로 단연 두각을 나타내었으나, 실질적인 영업수익은 309억엔으로 적자를 나타내었다. 그 외 소니 컴퓨터 엔터테인먼트Sony Computer Entertainment, Inc.를 주축으로 하는 게임 부문이 12.0%, 소니 픽처스 엔터테인먼트Sony Pictures Entertainment, Inc. 중심의 영화 산업과 소니 뮤직 엔터테인먼트Sony Music Entertainment, Inc.를 중심으로 하는 음악 산업을 비롯한 기타 부문들이 5.3%를 차지하고, 소니 파이낸셜 홀딩스Sony Financial Holdings Inc 등을 중심으로 하는 금융 부분이 각각 9.3%씩을 차지하였고, 각 부문은 각각 87억엔, 274억엔, 1883억엔, 162억엔씩의 영업 수익을 올렸다. 소니는 2005년 '새로운 피', '다양성'을 외치며 외국인 CEO를 영입했지만 실적부진으로 2012년 퇴진하고 게임사업부 출신의 히라이 카즈오가 새로운 CEO로 취임했다.

2007년에는 매출액 70,924.8million dollar·8조2,957억엔 순이익 1,080.1million dollar를 2014년에는 매출액 8조2,158억엔과 영업이익 685억엔을 기록했다.

소니

카메라 CMOS 센서 세계 1위 업체 : 44.5%

게임 세계 2위 플레이스테이션, 소니엔터테인먼트영화, 음악, 디지털카

메라 미러리스 부문 1위, PC, 노트북, 음향기기, 방송용 캠코더, 2차전
지 리튬이온배터리, TV , 스마트폰, 로봇

출처 : 위키백과

GPU

엔비디아

엔비디아NVIDIA, 나스닥: NVDA는 컴퓨터용 그래픽 처리 장치와 멀티미디어 장치를 개발, 제조하는 회사이다.

엑스박스와 플레이스테이션3과 같은 비디오 게임기에 그래픽 카드 칩셋을 공급하였으며 2005년 12월 14일, 엔비디아는 ULI를 인수했다. 이 회사는 ATI 칩셋에 쓰이는 사우스 브릿지를 생산하고 있었다. 본사는 캘리포니아 주의 샌타클라라에 있다.

엔비디아의 주요 제품에는 '지포스'GeForce 시리즈 브랜드로 유명한 그래픽 카드 칩셋과 '엔포스'nForce 브랜드로 알려진 메인보드 칩셋이 있다. 이밖에 컴퓨터 그래픽 전문가를 위해 만든 그래픽 카드 칩셋 쿼드로Quadro 시리즈와 고성능 컴퓨팅용 카드인 테슬라Tesla시리즈도 있다.

'GPU'라는 용어는 1999년 엔비디아에서 지포스 256을 '세계 최초의 GPU'로 판매하면서 널리 알려졌다. 지포스 256은 단일 칩 프로세서와 통합된 TCLTransform, clipping, and lighting, 초당 1천만 개 이상의 폴리곤다각형을 처리할 수 있는 렌더링 엔진을 갖추고 있었다. 라이벌인 ATI 테크놀로지스는 2002년 라데온 9700을 발매하면서 'VPU'영상 처리 장치라는 용어를 사용하였다.

GPU는 그래픽과 관련된 연산을 할 때에 CPU의 부담을 크게 줄일 수 있다. OS X은 10.6부터 최초로 운영 체제 수준에서 GPU를 사용하기 시작했다.

엔비디아 GPU 세계1위

출처 : 위키백과

메모리, 디스플레이, SSD

삼성전자

삼성전자주식회사三星電子株式會社, 영어: Samsung Electronics Co., Ltd.는 전자 제품을 생산하는 대한민국의 기업이다. 삼성전자는 대한민국에서 가장 큰 규모의, 대한민국을 대표하는 기업이자, 삼성그룹을 대표하는 기업으로서, 삼성그룹 안에서도 가장 규모가 크고 실적이 좋은 글로벌기업이다.

삼성전자는 시장점유율 1위의 휴대전화스마트폰, 피처폰 제조사이자, 시장점유율 2위의 반도체 제조사이다. 매출액 기준으로 LCD TV, LED TV, 메모리 반도체는 세계 1위, 비메모리 반도체는 세계 4위의 자리에 올라 있다.

삼성전자의 매출은 60%가량이 스마트폰 판매에서, 20%가량이 가전 분야에서, 17.5%가량이 반도체 사업에서 나온다. 반도체 분야는 매출 면에서는 가전 부문보다도 떨어지지만 영업이익에서는 23%가량으로, 영업이익률은 스마트폰 분야보다 높아 중요한 사업이다.

메모리, 비메모리 합산 1위 삼성전자, 2위 인텔, 3위 퀄컴 5%

DRAM 세계1위 : 48%, 낸드플래쉬 세계1위 : 36%, 모바일 DRAM 세계 1위 : 55%

18나노미터nm D램, 48단 3차원$3D$ 낸드플래시 단독 생산

삼성 디스플레이$비상장$ 세계1위 : 23%, 스마트폰 세계1위 : 24.4%, SSD 세계1위 : 29%

출처 : 위키백과

AI(인공지능)

구글

구글 주식회사영어: Google Inc.는 미국의 다국적 기업이다. 1998년에 'BackRub'이라는 이름으로 설립했다. 구글은 미국 전체 인터넷 검색의 2/3, 전 세계의 70%를 장악했다. 2008년에 구글은 자사 웹페이지 인덱스 크기가 1조 개를 돌파했다고 발표했으며, 다른 어떤 검색엔진보다도 3배 이상 큰 인덱스를 관리한다. 2009년 초 구글에서 매일 수십억 개의 검색 결과 페이지가 방문되고, 수백억 개의 구글 광고가 노출되었다

구글은 세계 최대의 검색엔진으로 현재 나스닥에 상장된 기업이다. 특히 영어권에서는 독보적인 점유율을 보이고 있다.

2006년, 구글은 유튜브라는 세계 최대의 동영상 공유 사이트를 인수했다. 같은 해 11월, 유튜브의 하루 방문자는 2,500만 명으로 추정

되었다. 2007년, 구글은 최고의 디지털 마케팅 회사인 더블클릭을 인수했고, 같은 해 더블클릭은 하루 170억 개의 광고를 집행했다. 그리하여 2008년, 증권거래위원회에 보낸 공개문서에서 구글은 "우리는 기술회사로 시작해서 소프트웨어, 기술, 인터넷, 광고, 미디어 회사가 모두 하나로 합해진 기업으로 진화했다"고 말했다. 230억 달러에 달하는 미국 온라인 광고 시장과 540억 달러에 달하는 전 세계 온라인 광고 시장의 40%를 독식했다.

애플

애플 주식회사영어: Apple Inc.는 컴퓨터, 휴대전화 등의 전자제품을 생산하는 미국의 기업이다. 이전 명칭은 애플 컴퓨터 주식회사영어: Apple Computer, Inc.였다.

최초의 개인용 컴퓨터 중 하나이며, 최초로 키보드와 모니터를 가지고 있는 애플 I을 출시하였고, 애플 II는 공전의 히트작이 되어 개인용 컴퓨터 시대를 열었다. 이후 매킨토시Macintosh로 마우스를 이용한 컴퓨터 조작과 같은 그래픽 사용자 인터페이스의 보급을 선도하였다. 현재 개인용 컴퓨터인 매킨토시, MP3 플레이어인 아이팟, 스마트폰인 아이폰, 가정용 멀티미디어 기기인 애플 TV, 태블릿 PC인 아이패드 등의 제품을 판매하고 있다. 그리고 아이팟에서 재생할 수 있는 음원을 인터넷을 통해 제공하는 아이튠즈 스토어와 OS X, 아이폰 사용자의 편의를 위해 아이클라우드iCloud를 제공하고 있다. 또한 2014년 Apple Special Event에서 애플워치가 공개되었다.

현재 본사는 미국 캘리포니아 주 쿠퍼티노에 소재하고 있고, 영국, 일본, 대한민국 등지에 지사를 두고 있다. 최고경영자는 전 애플의 CEO였던 팀 쿡이다.

2011년 8월 9일 미국 증시에서 장중 엑손모빌을 누르고 시가총액 1위가 되었고 8월 10일에는 종가에서도 1위가 되었다. 2015년 2월 11일 세계 최초로 주식 종가 시가총액이 7000억 달러를 넘은 기업이 되었다.

세계 스마트폰 수익의 94%를 차지하는 회사다.

아마존

아마존닷컴 주식회사영어: Amazon.com, Inc는 미국의 워싱턴 시애틀에 본사를 두고 있는 국제적 전자상업 회사이다. 세계 최대의 온라인 쇼핑 중개자이다. 인터넷을 통해 물건을 파는 최초의 주요 회사들 가운데 하나였으며 1990년대 말 닷컴 버블 시기에 떠오르는 주식 가운데 하나였다. 2001년 거품이 붕괴된 뒤, 아마존닷컴은 비즈니스 모델이 의심을 받았지만 2003년에 설립 이래 처음으로 연간 이익을 냈다.

1994년 7월에 제프 베조스가 설립하였고, 이듬해 1995년 7월에 아마존닷컴은 온라인 서점으로 시작하였지만 1997년부터 VHS, DVD, 음악 CD, MP3, 컴퓨터 소프트웨어, 비디오 게임, 전자제품, 옷, 가구, 음식, 장난감 등으로 제품 라인을 다양화하였다.

또한 전자책 단말기 킨들과 킨들 파이어 태블릿 컴퓨터를 제작하며 킨들 제품군은 아마존의 자회사 랩126에서 개발되었다 클라우드 컴퓨팅 서비스를 제공하고 있다.

2015년 아마존은 물류 배송의 편리함을 위하여 드론을 출시하기도 하였다.

마이크로소프트

마이크로소프트 주식회사영어: Microsoft Corporation, 문화어: 마이크로쏘프트 는 미국 워싱턴 주 레드먼드 시시애틀 근교에 있는 세계 최대의 다국적 소프트웨어 및 하드웨어 기업이다.

마이크로소프트는 다양한 컴퓨터 기기에 사용되는 소프트웨어 및 하드웨어 제품들을 개발, 생산, 판매, 관리한다. 마이크로소프트의 가장 유명한 제품은 마이크로소프트 윈도우라는 운영 체제이다. 1975년에 빌 게이츠와 폴 앨런이 베이직 인터프리터를 개발하여 판매하기 위해 미국 뉴멕시코 주 앨버커키에 Micro-soft라는 이름으로 이 회사를 세웠다.

페이스북

페이스북영어: Facebook은 2015년 2분기 기준, 전 세계 14억9천만 명 이상의 월 활동 사용자MAU: 최근 한 달 동안 그 사이트를 적어도 한 번 방문한 사용자가 활동 중인 세계 최대의 소셜네트워크서비스 중 하나이다.

사용자들이 서로의 개인정보와 글이나 동영상 등을 상호 교류하는 온라인 인맥 서비스소셜 네트워크 서비스의 대표 격이다.

활발한 사용자 중 절반 이상은 모바일 기기에서도 페이스북을 이용하고 있다.

IBM

아이비엠㈜영문명 IBM은 미국의 뉴욕주 아몽크에 본사를 두고, 전 세계 170개 이상의 나라에 진출해 있는 다국적 기술 및 컨설팅 회사이다. 1911년 CTRComputing-Tabulating-Recording 회사로 처음 문을 열었고, 이후 1924년에 지금의 IBMInternational Business Machines으로 사명을 변경하였다.

IBM은 지난 100여년간 메인프레임 컴퓨터에서부터 나노기술에 이르기까지 항상 시대를 앞서는 선도적인 기술을 공급해왔으며, 컴퓨터 하드웨어, 미들웨어, 소프트웨어는 물론, e-비즈니스 솔루션을 개발, 제조, 판매해왔다. 최근에는 인공지능을 비롯한 코그너티브 솔루션과 클라우드 플랫폼, IT 컨설팅 및 서비스를 제공하는 데 주력하고 있다.

IBM은 2017년 현재 24년 연속으로 전 세계 기술 특허 등록 수 1위를 기록하고 있다. IBM이 발명한 대표적인 기술에는 ATMautomated teller machine, 플로피 디스크, 하드디스크 드라이브, 바코드, DRAM이 포함된다.

IBM은 기술 표준화가 되어가고 있는 시장에서 벗어나 수익을 창출하는 고부가가치 시장에 포커스하면서 지속적으로 비즈니스를 혁신해오고 있다. 1991년에 프린터 브랜드 Lexmark를 기업에서 분할하였고, ThinkPad PC와 x86기반의 서버 비즈니스를 2005년, 2014년에 각각 Lenovo에 매각하였다. 2002년에는 PwC 컨설팅을, 2009년 SPSS, 2016년 The Weather Company를 인수합병하였다.

Big Blue라는 닉네임을 가진 IBM은 Dow Jones Industrial Average에 포함되어 있는 30개 회사 중에 하나이며, 38만 명의 직원을 보유한 세계 최대 기업이다. IBMer라고 불리는 IBM 직원들은 지금까지 5

개의 Nobel Prizes, 6개 Turing Awards, 10개의 National Medals of Technology, 5개의 National Medals of Science를 수상하였다.

출처: 위키백과

이상 6개의 유망 AI 기업이다.

아직은 어디가 뚜렷하게 AI 일등이라 단정 지을 수 없다. 그러나 AI 가 세상을 바꾸는 만큼 어디가 되었건 AI기업은 꼭 가져가야 할 기업 이다.

4차산업혁명 시대 투자의 미래

지은이 김장섭(조던)
1쇄 인쇄 2017년 7월 20일
5쇄 발행 2017년 8월 20일

펴낸곳 트러스트북스
펴낸이 박현
기획총괄 윤장래

등록번호 제2014-000225호
등록일자 2013년 12월 03일

주소 서울시 마포구 서교동 성미산로 2길 33 성광빌딩 202호
전화 (02) 322-3409
팩스 (02) 6933-6505
이메일 trustbooks@naver.com

값 16,000원
ISBN 979-11-87993-11-7 03320

믿고 보는 책, 트러스트북스는 독자 여러분의 의견을 소중히 여기며, 출판에 뜻이 있는 분들의
원고를 기다리고 있습니다.